Contenido

PRÓLOGO

¿Es más importante tener un buen candidato o un buen partido que lo respalde? ¿Para qué sirve la información en una campaña electoral? ¿Qué se debe hacer con las comunicaciones de la campaña?

Participar en un proceso electoral se asemeja a preparar una cena especial; si el cocinero tiene los ingredientes adecuados en las cantidades recomendadas y hay cuidado en los tiempos de preparación, las probabilidades de éxito -tanto en la receta como en la elección- tienden a ser mayores. Para el asunto electoral, este libro pretende ser la receta.

Como en cualquier receta, en la campaña electoral es fundamental garantizar que todo esté disponible antes de empezar el proceso. Algunos de los componentes son imprescindibles y no se podría pensar en el desarrollo de un proceso electoral en ausencia de ellos, pero otros pueden ser compensados, puesto que no son fines en sí mismos, sino medios que facilitan el desarrollo de la elección.

El elemento más importante es el candidato/cocinero; puede ser cualquier género, raza o religión y si tiene experiencia será mucho mejor. Pero, en cualquier caso, debe reflejar limpieza y transparencia en sus procedimientos, ya que cada mancha hará más difícil que prueben su receta.

El candidato es una representación social, una imagen pública de una persona que representa o cree representar a un grupo de personas con ideas o percepciones similares y que aspiran a implementar en la unidad política en la que desarrollan su existencia. La representación social del cocinero o Chef es la de una persona que viste de blanco, usa un gorro alto y prepara alimentos en una cocina.

Sin embargo, el cocinero y el candidato también son ciudadanos con nombre, edad, familia y vecinos; aspectos que deben ser manejados con extremo cuidado para que no afecten el rol social que representan.

Ya en actividades, tanto el candidato, como el cocinero, deben manejar los insumos con mucho cuidado, pues cualquier error en la cantidad que se use o en los tiempos de preparación puede arruinar la receta.

Así las cosas, el primer ingrediente para la campaña electoral que se debe mencionar es la información, quizás el más útil dentro de la receta electoral. Hace referencia a una cantidad de datos obtenidos y analizados con el propósito de ganar las elecciones; bien manejada, la información puede reemplazar o compensar otros aspectos de la campaña.

El segundo elemento necesario para ganar una elección es una organización. Puede adquirir diversos nombres y formas; partido político, movimiento cívico, grupo representativo de ciudadanos, empresa electoral, entre otras denominaciones que aluden al conjunto de individuos que comparten criterios ideológicos con el aspirante y que se encuentran organizados por roles y funciones con el propósito de mantener y expandir su ideología hasta convertirla en forma de gestión y gobierno.

La organización es importante porque corresponde al medio/sustrato en el que se "cocinan" los otros ingredientes, la organización política crea una representación social del candidato, le otorga una base electoral, una buena reputación y le da oportunidades logísticas y importantes en el momento de la elección.

Del mismo modo, el cocinero y el candidato necesitan dinero para lograr su preparación. Como en todos los aspectos de la vida; en un proceso electoral el dinero no es un fin en sí mismo, pero es un medio necesario y poderoso para lograr los resultados esperados (los fines). Es difícil pensar en ganar una elección sin dinero, no obstante, los excesos de dinero conducen a cuestionamientos éticos y legales de la victoria electoral.

Electoralmente, el dinero y la sal pueden compararse como ingredientes, pues son necesarios en casi todas las elecciones, en el caso del dinero, y las recetas, en el caso culinario. En ambos casos, , la cantidad lo es todo, poner muy poco es un grave problema (aunque compensable), poner mucho es fatal e irreversible para el resultado final. También, en algunos casos la sal y el dinero puede darnos la falsa impresión de ser el componente más importante de la receta y la elección.

El último ingrediente que mencionaremos, pero no el menos importante, es la comunicación. En su definición más antigua y elemental la comunicación implica un emisor, un canal, un mensaje y un receptor. No obstante, con los avances tecnológicos aplicados a los medios de comunicación y la evolución de los sistemas sociales, el proceso de comunicación política se ha convertido en un proceso más complejo.

En una campaña política, la comunicación requiere de la segmentación de receptores, canales y mensajes; pero sobretodo requiere mecanismos de retroalimentación muy eficientes que se encuentran en el ingrediente de la información. La comunicación electoral requiere mensajes más persuasivos, especialmente si no se dispone de medios masivos que orienten la intención de voto y el voto efectivo hacia nuestro candidato.

EL PROCESO ELECTORAL

Puesto que este libro pretende ser un manual de práctica electoral más que de política, es importante realizar algunas aclaraciones respecto a lo que significa e implica la democracia y, dentro de la misma, los procesos de elección de dignatarios a diferentes cargos y funciones públicas.

No obstante, algunos de los conceptos, técnicas y métodos aquí recomendados pueden ser utilizados para la participación en cualquier tipo de elección a un cargo que se dispute entre varios postulantes.

¿Qué es una elección?

Cuando un sujeto considera varias opciones para hacer, ser o tener, pero descubre que optar por una excluye a las demás; inicia un proceso mental según el cual define algunas características de cada una de las opciones comparando sus similitudes y diferencias. Posterior a ello, realiza una valoración de las opciones y selecciona la mejor; diremos que el sujeto ha elegido.

El proceso de elección es un juicio del valor y la conveniencia de diversas opciones para identificar la mejor entre las mismas. Ahora bien, las características que se valoran en una elección pueden ser suposiciones, tendencias o situaciones imaginarias y también pueden ser eventos reales y tangibles que están determinados por la experiencia.

Elegir, según se define en el diccionario es: *escoger o preferir a alguien o algo para un fin o nombrar a alguien por elección para un cargo o dignidad*[1].

Supongamos que una persona desea comprar un nuevo vehículo: aunque sea de manera intuitiva realizará un análisis comparativo entre las ventajas y desventajas de diferentes marcas y modelos hasta elegir uno que se ajuste mejor a los recursos que dispone y a sus intereses. Este sería un ejemplo de la primera parte en la definición anterior.

Pero es la segunda parte de la definición "...*nombrar a alguien por elección para un cargo o dignidad...*" la que representa nuestro interés. Descartaremos la elección de objetos para beneficios individuales y nos decantaremos por la elección de sujetos para beneficios colectivos. Es decir, interesa a este libro y sus lectores la noción particular de las *elecciones* y no el proceso general de elegir.

Cuando el término se emplea en plural: *elecciones*, generalmente hacemos referencia a un mecanismo democrático que permite a un grupo de individuos, a través del voto, designar o elegir a alguien para que ejerza un cargo o función.

Desde esta óptica, hablaremos de las *elecciones* que, históricamente, han facilitado la toma decisiones relacionadas con los asuntos públicos.

> *"...Finalmente, debes procurar que estas elecciones resulten un gran espectáculo popular, con la mayor brillantez, esplendor y despliegue de medios que esté a tu alcance y que, de ser posible, se hable de todo lo infamante, ilegal, deshonesto o corrupto que pueda haber en la personalidad y en las costumbres de tus oponentes. Todo el esfuerzo durante la campaña debe dirigirse a mostrar que eres la esperanza del Estado, pero evitando al máximo hablar de política una ciudad mezcla de razas, que rebosa de insidias, traiciones y toda clase de vicios y en la que hay que soportar a mucha gente insolente, rebelde, malvada, arrogante, rencorosa e inoportuna..."*
>
> *Consejo de Quinto Tulio Cicerón a su hermano, Marco Tulio a propósito de su candidatura al consulado del 63 a.c. Commentariolum petitionis (Apuntes sobre las elecciones).*

Democracia y Elecciones

Es ampliamente aceptado que la palabra democracia proviene de la composición griega "dêmos", que significa pueblo y "kratos" que significa poder y que la dêmokratia es sin duda el rasgo central de la cultura ateniense y de la evolución social. De allí, que en la actualidad los Estados con sistemas

---

[1] Real Academia de la Lengua Española.

democráticos se precien de las oportunidades que tienen sus ciudadanos para elegir a quienes les gobiernan; el pueblo tiene el poder de elegir.

No obstante, es importante aclarar que para los griegos ni todas las personas que vivían en la ciudad eran pueblo, ni el poder radicaba en elegir; más bien en ser elegido.

El poder significó, en el contexto griego, la participación directa en algunos de los altos cargos o de todas las magistraturas que ellos consideraban que regían la ciudad y ese poder no era para cualquiera, de él estaban excluidos los esclavos y los extranjeros entre otros.

Como escribiera Aristóteles en su Politeia: *"El simple ciudadano con nada se define mejor que con la participación [en el ejercicio de los poderes] de juez y en el gobierno.*[2]

Empero, el poder de ser elegidos no era para todos, puesto que tampoco el concepto de ciudadano al que se hace referencia hoy es el mismo de los antiguos griegos. En el mismo texto, afirma Aristóteles que *"el ciudadano no es ciudadano por residir [en un lugar determinado] (también metecos y esclavos participan del mismo domicilio); ni los que comparten derechos de ser demandados o de acusar (pues esto puede lograrse en virtud de un tratado:[...] Como de los niños que por su edad no son inscritos o de los ancianos [exonerados de todo servicio], así podría decirse que son ciudadanos en cierto sentido, pero no en absoluto..."*

Y más adelante en el mismo texto plantea que: *"En la práctica, ciudadano se define aquel cuyos padres [son] ciudadanos ambos, no uno solamente uno, como [el] padre o [la] madre; ..."*

Y manifiesta además que: *"De estas consideraciones se ve claro que es al ciudadano a quien está permitido participar del poder deliberativo y judicial..."* y en tal sentido sólo los que eran considerados como ciudadanos eran iguales puesto que poseían la libertad y la potestad para participar en los asuntos públicos.

Así las cosas, la democracia griega fue un ideal de igualdad, libertad y participación para los griegos; pero de ese ideal estaban excluidos algunos que no ostentaban la condición de ciudadanos y por tanto no gozaban de la garantía de igualdad para la participación libre en los temas de gobierno de la *polis*. ~~En consecuencia, aunque cada~~ ciudadano puede participar de manera de libre y su participación tiene la

---

[2] Aristóteles La Política

misma importancia o igual peso respecto a los demás; no todos son ciudadanos. Y así funcionó el sistema democrático por varios siglos y aun así funciona en algunos países.

El derecho al voto solo para aquellos inscritos en un listado electoral cuya inscripción está restringida por asuntos demográficos, económicos o políticos se utilizó en muchos Estados democráticos hasta mediados del siglo XX, en los cuales, por ejemplo, no podían votar las mujeres, los iletrados, los desposeídos de dinero o bienes y otros excluidos del censo electoral por lo que a este tipo de sufragio se le conoce como censitario.

En contraposición, el sufragio universal solo establece como condición la mayoría de edad para ejercer el derecho al voto y más que una condición se considera un criterio de madurez política tanto del Estado como de sus ciudadanos. Un derecho a ejercer la ciudadanía mediante la participación en las decisiones de los asuntos públicos.

El proceso de reconocimiento a las poblaciones marginadas de este derecho político no ha sido corto ni sencillo. Suiza, por ejemplo, no reconoció que las mujeres podían ejercer el voto hasta 1971 y Kuwait otorgó ese derecho a las mujeres apenas en 2005, mientras que Nueva Zelanda, el reconocimiento más antiguo del mundo a ese derecho femenino, lo hizo en 1893.

Sin embargo, no es suficiente con la garantía del derecho a votar para todos los mayores de edad. Además, se requiere la preservación del voto libre puesto que otro de los principios axiomáticos de la democracia es la libertad para ejercer el derecho individual a realizar una elección. La libertad de elegir es la esencia misma de la elección.

Y en el mismo sentido, debe protegerse el principio de igualdad del sufragio universal. Debe existir la garantía de que cada voto tiene un valor o peso igual que los demás y con ello que cada ciudadano se encuentra en igualdad de condiciones para elegir y ser elegido.

Con el pasar de los siglos se han eliminado las restricciones étnicas, económicas y de género en la mayoría de los países y se avanza en la protección de los principios democráticos. Con ello se ha incrementado el número potencial de votantes y el proceso electoral se ha convertido en un ejercicio sociológico más complejo y exigente para los Estados y sus organizaciones electorales que en ese contexto permanentemente se preguntan;

¿Qué se necesita para ganar las elecciones?

Para ganar las elecciones se necesita una estrategia que pueda desarrollarse contando al menos con cinco factores; el candidato(a), la información del contexto, la organización, la financiación y las comunicaciones.

Si nuestra estrategia cuenta con estos cinco factores, en las proporciones adecuadas, el éxito electoral está garantizado. De manera gráfica esta afirmación se vería así;

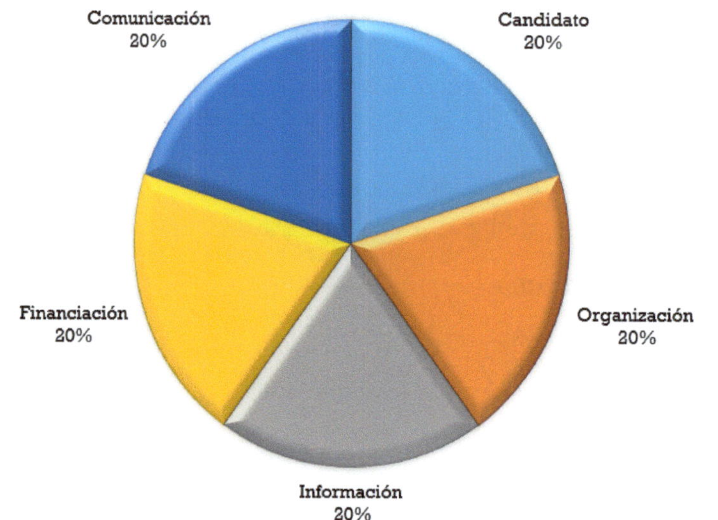

Ilustración 1 Combinación ideal de factores para ganar una elección

Sin embargo, los cinco factores no están siempre en equilibrio y en ocasiones la campaña no cuenta con la financiación suficiente o tiene problemas en sus procesos de comunicación o lo que es peor, el candidato tiene una imagen negativa difícil de manejar.

En tales casos la relación de los factores de la campaña deberá equilibrarse y aquellas debilidades identificadas en uno de ellos deben ser compensadas con las fortalezas de otro.

Es decir, si existen dificultades en la gestión de la imagen del candidato, el proceso de comunicación o la organización de los equipos de campaña deberán llenar el vacío correspondiente, como se muestra a continuación;

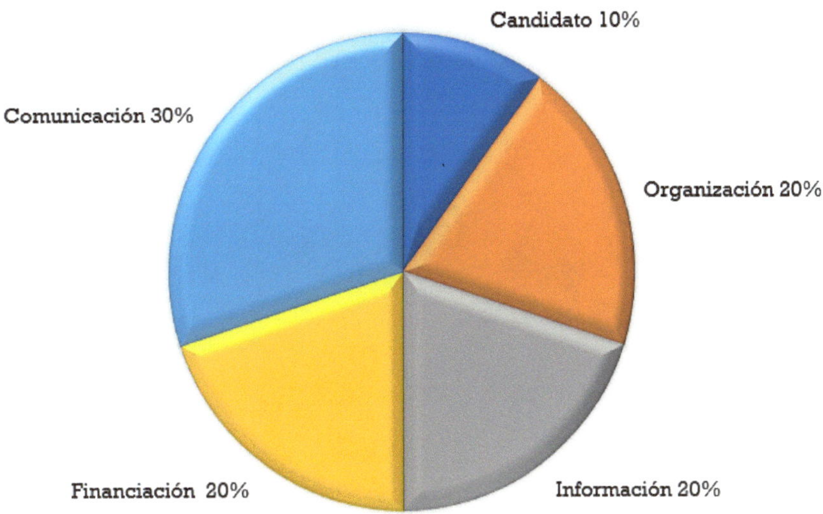

Ilustración 2 Combinación posible de factores para ganar una elección

También podría suceder que el candidato tenga una excelente trayectoria e imagen, convirtiéndose esto último en un factor que hace menos costosa la campaña y se relaciona directamente con el factor de éxito correspondiente a la financiación.

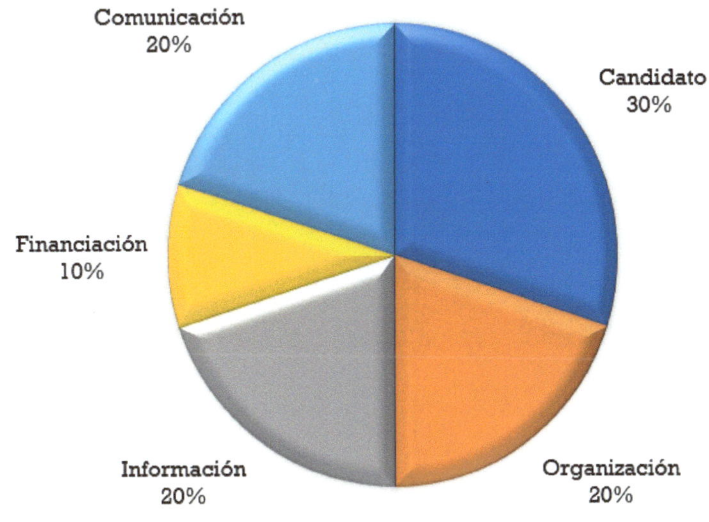

Ilustración 3 Combinación posible de factores para ganar una elección

Lo que no deberá suceder bajo ninguna circunstancia es que los factores débiles no sean compensados y queden espacios vacíos que debiliten la estrategia. Cada debilidad identificada debe ser compensada, por ejemplo; si el candidato no cumple plenamente con las expectativas de campaña es necesario, y hasta obligatorio, el fortalecimiento de otro factor como la comunicación, la organización o la financiación para que llene el vacío identificado, pero bajo ninguna circunstancia este factor debe permanecer vacío.

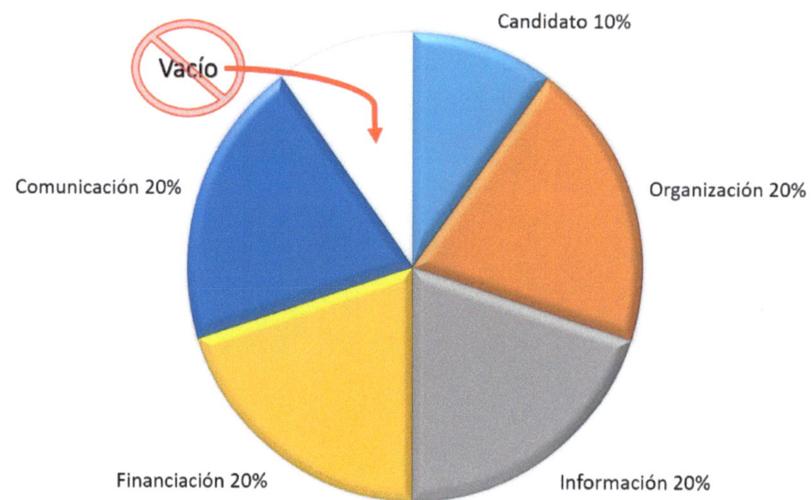

Ilustración 4 Combinación indeseable de factores para ganar una elección

Seguidamente, presentaremos cada uno de los cinco factores mencionados y cuáles son los principales elementos que lo componen y determinan sus fortalezas y/o debilidades.

Se necesitan datos del Candidato.

Si se hace referencia a un candidato a cualquier cargo de elección popular es posible encontrar miles de recomendaciones y consejos relacionados con el manejo de la imagen y la construcción del discurso.

No obstante, si estas acciones no conducen a un incremento en la preferencia electoral o un incremento porcentual de la imagen positiva del candidato, no dejarán de ser buenas piezas publicitarias sin ningún efecto político y electoral.

En ese orden de ideas, es relevante presentar a continuación las métricas que pueden indicarnos si tenemos, o no, un buen candidato y cómo debe articularse con los demás factores para lograr el éxito electoral.

Lo primero que debemos decir es que cualquier asunto relacionado con el candidato se mide con las encuestas y por ello, como veremos más adelante, para ganar una elección SE NECESITA INFORMACIÓN obtenida en un continuo proceso de levantamiento y análisis de datos conducente, en este caso particular, a conocer la favorabilidad de la imagen del candidato, la intención que tienen los electores de votar por él o no hacerlo y estimar sus probabilidades y posibilidades de éxito.

1 La preferencia electoral

Cuando se realiza una encuesta electoral posterior a la presentación del encuestador y la encuesta, generalmente la primera pregunta es: ¿Piensa votar en las próximas elecciones para...? e inmediatamente después: Si hoy fueran las elecciones para... ¿Usted por quién (persona o partido) votaría?

La preferencia electoral es la respuesta simple y directa que da un elector a ambas preguntas. La primera pregunta pretende medir la intención que tienen los electores de participar o no en el proceso; la intención de voto. La segunda mide el deseo de votar por uno u otro candidato en la contienda, por su preferido.

La preferencia es una variable dinámica, ligada al discurso y a la imagen pública del candidato, pero esto puede cambiar con el paso del tiempo y por consiguiente no debe analizarse sin tener en cuenta sus variaciones temporales. Sería ideal medirla con una frecuencia mensual e identificar si la curva es creciente o decreciente y cuál es la tendencia de cara al día de las elecciones.

También es conveniente que midamos la preferencia electoral cuando se introducen temas estructurales en el discurso con el propósito de evaluar el efecto de la propuesta de gobierno en los electores.

Los resultados en las encuestas de preferencia electoral debemos analizarlos teniendo en cuenta no solo el porcentaje de electores que ya decidieron por quién van a votar, sino también contrastando con el porcentaje de electores que no han decidido su voto. Lo habitual es que el porcentaje de indecisos sea alto cuando inicia el proceso electoral y vaya disminuyendo con la proximidad del día de las elecciones, lo cual reflejará que los ciudadanos han elegido una de las opciones o se abstendrán de participar.

Por otro lado, no es recomendable analizar la preferencia electoral del candidato sin considerar los porcentajes de los demás candidatos puesto que una elección (por definición) es un proceso de comparación y análisis entre diferentes opciones lo cual determina, en la mayoría de los casos, que la disminución en la preferencia electoral por un candidato refleja el aumento en la preferencia electoral de sus adversarios.

Cuando un elector ya ha decidido votar es poco probable que deje de hacerlo, es más probable que cambie su preferencia de voto hacia otro candidato o vote en blanco. Cada votante que pierda un candidato lo ganará otro, como un juego de "suma cero".

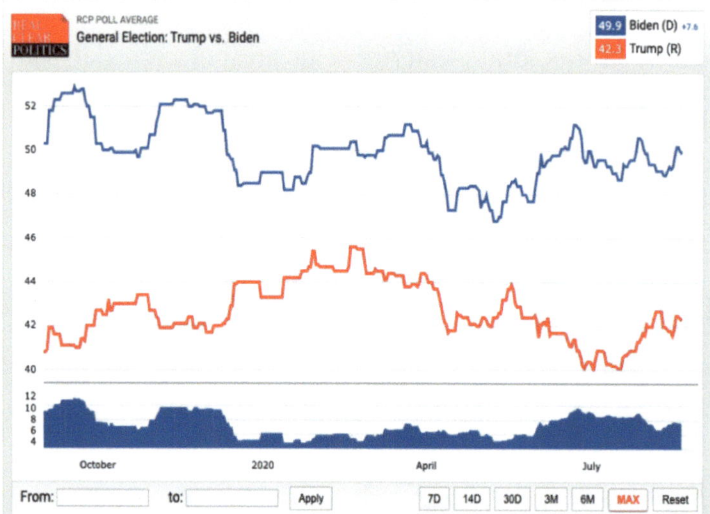

Ilustración 5 Gráfico de análisis de preferencia electoral para elecciones del año 2020 Estados Unidos
Fuente: realclearpolitics.com.

El gráfico anterior, muestra (como ejemplo) la variación en las mediciones de preferencia electoral para la presidencia en Estados Unidos en el año 2020.

2 La aversión electoral

Por aversión se entiende rechazo o hastío. En las encuestas para conocer la intención de voto, es tan importante medir la preferencia como la aversión electoral. Esta última representa el "techo" electoral de cada uno de los candidatos y se conoce mediante una pregunta que probablemente se formule de la siguiente manera:

¿Por cuál de los siguientes candidatos no votaría jamás?

Y lo mejor para nuestro candidato sería obtener porcentajes muy bajos o iguales a cero, porque entre más alta sea la aversión mayor será el requerimiento organizacional y mayor el esfuerzo que deberá hacerse en temas de comunicación, requiriendo con ello más recursos financieros.

Los resultados de las mediciones de la aversión se deben analizar con los resultados de la intención de voto, la preferencia electoral y los electores indecisos para poder realizar estimaciones y estrategias electorales.

Por ejemplo, en una encuesta de intención de voto para unas elecciones cualesquiera en las que compiten tres candidatos los resultados son los siguientes;

Tabla 1 Ejemplo de resultados en medición de preferencia y aversión electoral

¿Piensa votar en las próximas	Sí	No	No Sabe
elecciones?	45%	15%	40%
Si las elecciones fueran hoy	Candidato A	Candidato B	Candidato C
¿Por cuál candidato votaría?	12%	25%	8%
¿Por cuál candidato no votaría	Candidato A	Candidato B	Candidato C
jamás?	30%	60%	5%

Vamos a empezar el análisis de la tabla desde la primera línea y después haciendo un análisis de relaciones entre líneas y columnas. Inicialmente, se debe suponer que la encuesta se aplicó en una etapa temprana de la campaña electoral, por lo cual, aún la mitad de los electores están indecisos.

A la pregunta que mide la intención de voto ¿Piensa votar en las próximas elecciones? las respuestas en la tabla permiten inferir que la abstención será como mínimo del 15% y que los votos en disputa corresponden al 85% del potencial electoral. Este es el techo para la sumatoria de votos obtenidos entre todos los aspirantes, el voto en blanco y los votos anulados por diferentes causas.

En cuanto a la preferencia electoral, podemos observar que el candidato B tiene el mayor porcentaje de preferencia (25%), pero es necesario aclarar que ese valor corresponde a los electores que ya se han decidido a votar al momento de aplicar la encuesta, es decir: el candidato B tiene el 25% de preferencia entre el 45% del potencial electoral que ya decidió que va a votar.

Sin embargo, su porcentaje de aversión electoral es el más alto (60%), también debe hacerse claridad que ese valor corresponde al 60% del total de electores; incluidos los que no van a votar, los que ya se decidieron y los que no lo han hecho.

Así las cosas, el porcentaje máximo de votos al que podría aspirar el Candidato B sería su techo optimista del 40% del total del potencial electoral y siempre habría un 45% que estaría en disputa entre los candidatos A y C que podrían unirse y superar en 5% porcentuales a su adversario.

Si suponemos que el 60% de aversión no está en los abstencionistas se debe sumar 15% de abstención y 60% de aversión lo que evidencia que, con el 25%, el candidato B ya está en su techo electoral más pesimista y que el porcentaje de electores indecisos estaría en disputa entre los candidatos A y C.

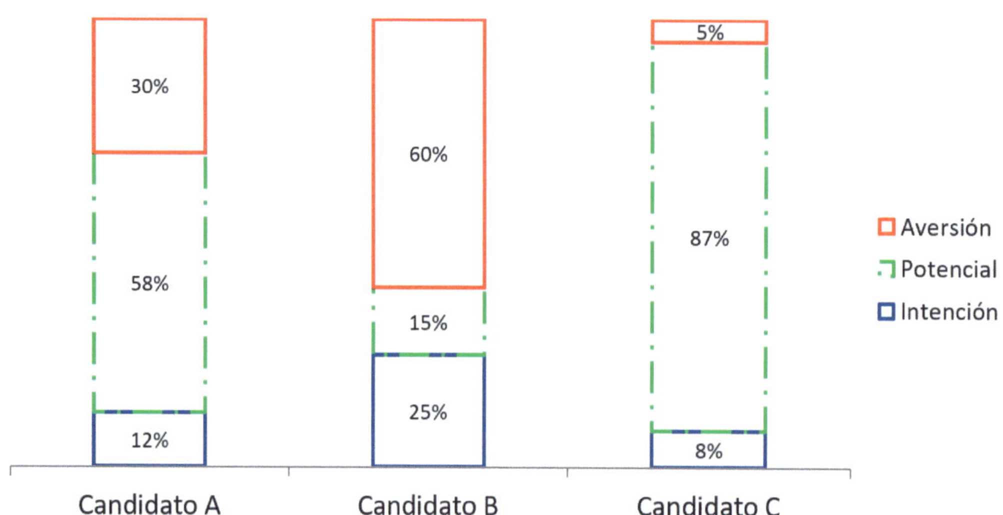

Ilustración 6 Comparación de la intención de voto, la aversión electoral y el potencial de crecimiento de los candidatos A,B,C.

El análisis para el candidato A es mejor que para el Candidato B, aunque su preferencia de voto es del 12% el porcentaje de electores que no votarían por él corresponde al 30%, lo que indica que tiene un techo para el escenario optimista del 70% y para el escenario pesimista, con 15% de abstención y 30% de rechazo, un techo electoral del 55% del potencial de votantes con lo cual podría ganar aún en una eventual coalición de sus contrincantes. Se puede ilustrar de la siguiente manera:

Para concluir con el ejemplo, el Candidato C es quien tiene un panorama más prometedor. Aunque los resultados de la encuesta evidencian que es quien tiene menor preferencia electoral, también es quien muestra menor aversión entre el electorado con apenas un 5%.

Ello significa que si ese porcentaje de aversión está incluido en la abstención su escenario optimista es del 85% del potencial electoral y si no fuera así, la suma de los porcentajes de aversión y abstención le da un techo en el escenario negativo del 80% del potencial de votantes.

En pocas palabras el candidato C podría sumar al 8% de preferencia electoral que tiene en la actualidad el porcentaje de electores indecisos llegando a un 48% e incluso los votantes del Candidato A o B que, aunque ya tienen preferencia, no se negarían a votar por el Candidato C lo que, además, lo convierte en una excelente opción para una coalición con cualquiera de sus dos contendores.

3   La imagen del Candidato.

Cando nos referimos al candidato hablamos al mismo tiempo de una persona y de una representación social. El candidato, como persona, debe cumplir con unas expectativas y requisitos que generan empatía en el elector, independientemente de su género, edad, condición económica y, en algunas ocasiones, incluso se genera empatía sin que medie la ideología política.

En otros términos, los electores deberán identificarse en algunos o en varios aspectos con la persona del candidato.

Por otro lado, el candidato entendido como un arquetipo debe representar valores colectivos y transmitir a la ciudadanía sensaciones y percepciones relacionadas con su capacidad para gestionar situaciones y problemáticas de gran tamaño. En términos generales podemos decir que la persona del candidato debe satisfacer al ciudadano y la representación social del candidato debe satisfacer a la ciudadanía.

La psicología política ha planteado que la imagen de un candidato determina su éxito o fracaso electoral. La imagen del candidato hace referencia a sus condiciones físicas y sociales que tienen algún impacto en las preferencias y en la toma de decisiones de los votantes.

En la obra "The American Voter" Augus Campbell afirma que existen tres tipos de actitudes que explican la decisión individual del voto, a saber; la simpatía por el candidato, la actitud frente a los temas del debate electoral y la identificación partidaria.

Diversos estudios han demostrado que la apariencia física es un gran determinante de influencia interpersonal. Las personas atractivas son percibidas positivamente y son asociados con características ideales, esta percepción social hace que, a su vez, las personas atractivas desarrollen mayor seguridad y autoconfianza frente a las relaciones sociales y con ello se refuerza la aceptación social que poseen.

En tal sentido, los estudios de preferencias electorales han encontrado que, efectivamente, la imagen atractiva es determinante para elegir a un candidato (más atractivo) y no a otro.

No obstante, una persona que se percibe atractiva para un grupo social no lo es para otros y ello se debe a que los estándares estéticos que definen la belleza están mediados por el contexto cultural y territorial de las sociedades. Esto es, un candidato atractivo en la India puede que no lo sea tanto en América o en China. Ello para decir que, si bien la belleza es un factor determinante en la decisión del votante, la semejanza también lo es. Estudios han demostrado que preferimos a alguien que se asemeja físicamente a nosotros.

Algunas teorías como la de la comparación social de Festinger explican que las personas constantemente establecemos comparaciones interpersonales de tal forma que nos centramos en encontrar las semejanzas, como consecuencia se genera una *concordancia cognitiva* que refuerza o alienta nuestro pensamiento al creer que alguien más lo comparte.

De tal forma que, es muy importante que un candidato pueda construir una imagen a partir de "contar su propia historia", esto consiste en crear un relato en el que se identifique claramente quién es el candidato, cuáles son sus orígenes, cuáles sus costumbres, pasatiempos, expectativas y por qué se parece en algo a sus electores.

El análisis de la imagen del candidato es importante porque las investigaciones sobre comportamiento electoral han sugerido que los electores responden más a sus percepciones que a las realidades objetivas acerca de las campañas y los candidatos. En segundo lugar, las percepciones que tienen los electores sobre los candidatos son al mismo tiempo, juicios y valoraciones

Muchos votantes confían más en el candidato por su carácter y sus costumbres que por sus propuestas. La imagen del candidato como mínimo siempre debe proyectar credibilidad, experiencia y honestidad. Desde esta perspectiva, las imágenes de los candidatos constituyen una de las condiciones políticas de mayor importancia para determinar el comportamiento electoral.

Según expertos, como Bonino Costa, anteriormente la política se basaba en dos estrategias claves que eran: el conocimiento personalizado de su electorado y la elocuencia. En la actualidad, con los medios masivos y las redes sociales, el conocimiento personalizado ha sido reemplazado por la construcción de la imagen y la elocuencia por la segmentación y focalización del mensaje.

Recomendación: Cuando las elecciones se llevan a cabo en provincias y poblaciones pequeñas mantienen su vigencia los fundamentos de trato personal y elocuente. Sin embargo, la elocuencia no implica engaño, especulación o duda, el trato personal requiere de un candidato serio, seguro, firme y convencido de lo que está diciendo frente a frente a sus electores. Es muy importante que el candidato pueda relacionar sus características personales con las necesidades del electorado, por ejemplo, usted ha sido aficionado al ajedrez entonces "jugar ajedrez me ha enseñado que se para lograr cosas importantes se requiere planeación, concentración y paciencia, atributos necesarios para resolver los graves problemas de la ciudad…"

Se necesita información del contexto.

Cuando hablamos de información nos estamos refiriendo, por un lado, al procesamiento de datos que conduce a la creación de propuestas de gobierno y por el otro, al diseño de la estrategia de campaña. En el primer caso se habla de información del territorio y en el segundo acerca de la información sobre el proceso electoral.

Debemos tener en cuenta que la información requerida para la campaña no siempre está disponible en el entorno y a veces se dispone en forma de datos que requieren ser procesados y analizados para producir información valiosa que conduzca al candidato hacia la victoria.

Por los anteriores motivos, es recomendable que nuestro candidato cuente con una organización propia o contratada que se encargue del levantamiento de datos de fuentes primarias y secundarias para conseguir los datos que no estén disponibles y, adicionalmente, que cuente con un equipo de técnicos y analistas expertos que contribuyan con el análisis de información disponible para aprovecharla de mejor manera de cara al triunfo electoral.

1   La información de la campaña.

Cuando un candidato o una campaña desean informarse respecto a lo que está pensando el electorado en un determinado momento, no hay mejor mecanismo que los estudios de opinión. En concreto, la opinión pública se conoce preguntando al público ¿qué opina?

Pero sería costoso, demorado e impreciso preguntar a cada uno de los ciudadanos por su opinión respecto a algún tema particular y por ello las campañas políticas se apoyan en las técnicas de investigación social que han sido creadas y perfeccionadas desde el siglo anterior.

Las Encuestas

La palabra encuesta, proviene del francés *Enquête,* que significa "investigación" y el concepto corresponde a una técnica de recolección de datos utilizada en la investigación, la cual consiste en un listado de preguntas dirigidas a un grupo representativo de personas con el fin de conocer su opinión, actitud o percepción ante hechos, fenómenos o circunstancias específicas.

Los resultados se obtienen siguiendo procedimientos de medición estadística y, en tal sentido, la encuesta debe ser diseñada y ejecutada por profesionales expertos que determinan los métodos y muestras más apropiados para garantizar confiabilidad y asertividad de los datos. Así se garantiza que sean representativos de la población y por consiguiente aporten información realmente útil.

En los procesos electorales, las encuestas son la primera fuente de información que tienen las campañas políticas y sirven para predecir resultados electorales, afinar los mensajes y medir el impacto de las propuestas relacionadas con la posición ideológica del candidato.

En conclusión, no se puede dirigir una campaña sin encuestas adecuadas, pero tampoco se puede depender exclusivamente de ellas. Aunque las encuestas permiten obtener muchísima información, es importante tener claro que la única razón práctica para hacer una encuesta es obtener información que ayude a ganar las elecciones. Si la encuesta no va a hacerlo, es mejor no gastar el dinero en ellas.

Tipos de Encuestas en campaña

No cabe la menor duda que los resultados de las encuestas tienen efectos sobre los electores, ya que modifican su percepción sobre los candidatos y por consiguiente transforman su comportamiento. Ello, sumado al hecho que los candidatos y sus equipos de campaña necesitan información veraz y confiable sobre el contexto y el desarrollo de la elección, determinan que cuando se quiera realizar un levantamiento de información se deba utilizar el mecanismo más preciso y conveniente. Acto seguido, se presentan algunos tipos de encuestas electorales y su descripción general.

• Encuestas Inicial: se realiza antes de iniciar la campaña, es demorada y costosa porque en ella se pregunta todo lo que se requiera para construir el perfil del candidato e iniciar el diseño de la estrategia.

• Sondeos de seguimiento: Son levantamientos de información sobre preferencia electoral que se realizan con una frecuencia determinada para evaluar el desempeño de la campaña. Usualmente son cuestionarios orientados a medir la intención de voto, la preferencia electoral y el impacto de algunas propuestas del candidato en la decisión de los votantes.

La frecuencia con la que se realizan los sondeos de seguimiento depende del momento en el que se encuentre la contienda electoral. En la campaña temprana, los sondeos pueden realizarse mensualmente, en la etapa media de la campaña pueden hacerse con una frecuencia semanal y durante las últimas dos semanas de campaña se recomienda un seguimiento diario que, aunque es costoso, es muy útil para generar efectos mediáticos a partir de "mensajes de último minuto".

• Encuesta Final: También se conoce como encuesta "en boca de urna" se lleva a cabo el día de la elección haciendo un conteo en los puestos de votación. No tiene utilidad en la toma de decisiones, pero permite tener una proyección del resultado antes del cierre de la jornada, solo debe ser conocida por el comité central de la campaña y sirve para afinar el discurso final del candidato.

Por último, no importa el tipo de encuesta que realicemos, habrá que tener dos cosas en cuenta: lo primero es que los resultados de las encuestas de campaña no hay que hacerlas públicas a menos de que exista una muy buena razón para ello. Lo siguiente es que la información menos importante que se puede encontrar en una encuesta es la relacionada con quien tiene el puntaje más alto en esa encuesta particular.

Cómo debemos interpretar las encuestas electorales.

La primera cosa que debemos analizar en una encuesta es la ficha técnica, los datos que contiene indican si la información que veremos es representativa, veraz y confiable.

La representatividad la otorga el cálculo de la muestra que, aunque es un procedimiento técnico estadístico, permite ciertas interpretaciones empíricas. Una muestra muy pequeña no es representativa y una muestra muy grande no manifiesta grandes cambios en las tendencias.

La veracidad, por su parte, está reflejada en el margen de error y es deseable que una encuesta no tenga un porcentaje de error mayor al 5%.

La confiabilidad está dada por el nivel de confianza de la encuesta, cuyo significado es la confianza que se puede tener en la información obtenida, es deseable que cualquier encuesta tenga niveles de confianza superiores al 95%.

Si la encuesta que deseamos realizar o analizar cuenta con una muestra estadística representativa de la población, un margen de error menor al 5% y un nivel de confianza superior al 95%, sin duda será un instrumento que nos aportará información importante en un momento dado de la campaña.

¿Solo en un momento dado? Sí, la encuesta será una impresión de los ciudadanos en la fecha que se realizan las preguntas, pero las opiniones y percepciones pueden cambiar en el tiempo y de allí la importancia de realizar continuos levantamientos de información durante todo el proceso de la campaña. Debido de lo anterior, es importante aclarar que: cuando se quiere realizar un análisis comparativo entre diferentes encuestas estas deben tener la misma ficha técnica, por lo contrario, los resultados de las mismas no serán comparables.

Cuando se interpreta una encuesta, especialmente cuando lo hace un medio de comunicación, puede existir una tendencia a valorar más los resultados numéricos de la encuesta que lo que ellos miden en particular. En otras palabras, a veces los analistas políticos se interesan más por las variaciones en los porcentajes de las encuestas que en las propuestas de los candidatos que generan tales resultados.

Aunque los analistas políticos con frecuencia priorizan las encuestas sobre las propuestas, nuestro candidato no puede incurrir en tal error; las propuestas deben mover las encuestas y no al contrario. Se debe evitar que los resultados de las encuestas se conviertan en el centro del debate electoral.

Teniendo en cuenta lo anterior, procederemos a analizar los datos de preferencia electoral, imagen de los candidatos, impacto de las propuestas y otros elementos propios de una campaña electoral. Debe considerarse también que las personas perciben su realidad según su género, edad, situación económica y otras condiciones que obligan a analizar las encuestas, no solo por su ficha técnica, sino también por sus múltiples variables poblacionales.

Segmentos y nichos del electorado.

Puede existir una tendencia en las campañas políticas para generar mensajes "para todo el mundo" y, posteriormente, revisar si el candidato subió o bajó su porcentaje de favorabilidad en las encuestas. Lo que equivaldría a disparar hacia el bosque y después revisar si hubo alguna caza.

Lo más conveniente en el levantamiento de información o la emisión de mensajes, es segmentar el electorado en grupos poblacionales que se conforman por características comunes tales como: la edad, el género, el lugar de domicilio o cualquier otra variable socio-económica que permita el análisis por conjuntos.

Cuando diseñamos una encuesta para medir el impacto de una propuesta o postura ideológica del candidato es muy importante incluir preguntas para hallar variables demográficas (como las mencionadas en el párrafo anterior) que faciliten un análisis posterior más profundo.

Por ejemplo: frente a un tema típico de campaña como es el aborto, las opiniones de los electores varían según sean mujeres u hombres y, aún dentro del género femenino las mujeres más jóvenes tienen opiniones diferentes a mujeres de mayor edad.

Segmentar el electorado le permite al candidato seleccionar un público objetivo (nicho) y enviar mensajes efectivos con el propósito de consolidar una base electoral, a partir de la cual pueda construir una campaña sólida, aprovechando de mejor manera la aplicación y análisis de encuestas.

Además de conocer su nicho, el candidato debe identificar los medios de comunicación más adecuados para llegar a él y procurar que sus miembros se conviertan en multiplicadores del mensaje de campaña como mostraremos en un capítulo posterior.

Determinar el nicho de cada candidato

Existen candidatos que son preferidos por los electores jóvenes, otros por el electorado femenino, algunos tienen sus seguidores entre los deportistas y así sucesivamente, cada candidato tiene en su base electoral un grupo de electores que tiene al menos una característica común.

En el análisis de encuestas es tan importante conocer nuestro nicho como el de los otros candidatos, ello permite identificar rivalidades directas, posibles alianzas, pisos y techos electorales de cada candidato.

Con la anterior información, es posible identificar desde el principio de la campaña (con una encuesta de entrada) cuáles serán las posibles coaliciones (siempre se dan) y cuáles las posibles rivalidades que perdurarán hasta el fin de la campaña. Analizar esta información es imprescindible para el diseño de la estrategia de campaña, puesto que se requiere construir elementos diferenciadores que generen identidad y "marca" para el desarrollo de una estrategia de comunicación exitosa.

Prospectiva Electoral

La planeación prospectiva nos permite analizar diferentes alternativas del futuro, para tomar decisiones en el presente que nos conduzcan a un escenario deseado. Cuando analizamos la encuesta de entrada, por ejemplo, es posible identificar los nichos electorales de cada candidato y con ello saber si son competidores en nuestro nicho o eventualmente podrían complementarnos.

En otros términos; imaginemos que el nicho de nuestro candidato son los hombres de 30 a 45 años y puede ser que uno de los candidatos adversarios sea muy fuerte en el segmento de los jóvenes, ese será un potencial aliado puesto que si se logra una coalición ambas partes estarán sumando electores. En contraste, si otro candidato es fuerte dentro del mismo nicho será identificado como un rival directo y en una eventual alianza no se debería esperar una variación muy significativa, puesto que cada segmento poblacional tiene un número limitado de electores.

2   La información de los históricos electorales.

"Quien no conoce la historia está condenado a repetirla" dice una popular frase y si de campañas electorales se trata no hay excepción. El comportamiento electoral en un territorio determinado tiene características de recurrencia, lo cual permite que las regiones, departamentos o estados federados sean identificados con un partido político en la campaña electoral.

La mayoría, sino todos los sistemas políticos del mundo, cuentan con una institución pública encargada de dirigir, registrar, controlar y evaluar los procesos electorales. Se les conoce como Cámara, Tribunal,

Consejo u Órgano Electoral, entre otros nombres que responden a la función de garantizar el desarrollo y la transparencia de los procesos de elección de dignatarios en diferentes ámbitos y niveles territoriales.

También en la mayoría de los Estados y para efectos electorales, los territorios están divididos en zonas o circunscripciones y estos a su vez en puestos y mesas de votación.

Así que nos es factible y fundamental analizar cómo ha sido el comportamiento histórico de los votantes en cada mesa, puesto y zona electoral, haciendo posible la estimación de los votos a obtener por nuestro candidato o sus contendores.

Tabla 2. Porcentaje de abstención en elecciones para alcalde municipal de Pereira. Colombia.

Año	Abstención
2019	46,3%
2015	50,3%
2011	47,9%
2007	46,1%
2003	55,5%
2000	51,3%
1997	45,1%
Media	**48,9%**

Por ejemplo, cuando se revisan las últimas siete elecciones para alcalde en Pereira (un municipio de Colombia) es posible observar que la abstención ha sido, en promedio, del 48,9% con una desviación aproximada del 12%; lo cual nos permite pensar que en las próximas elecciones el porcentaje de abstención estará en un rango entre 43% y 55% aproximadamente.

Gráficamente corresponde a la zona sombreada que se puede observar en la siguiente ilustración.

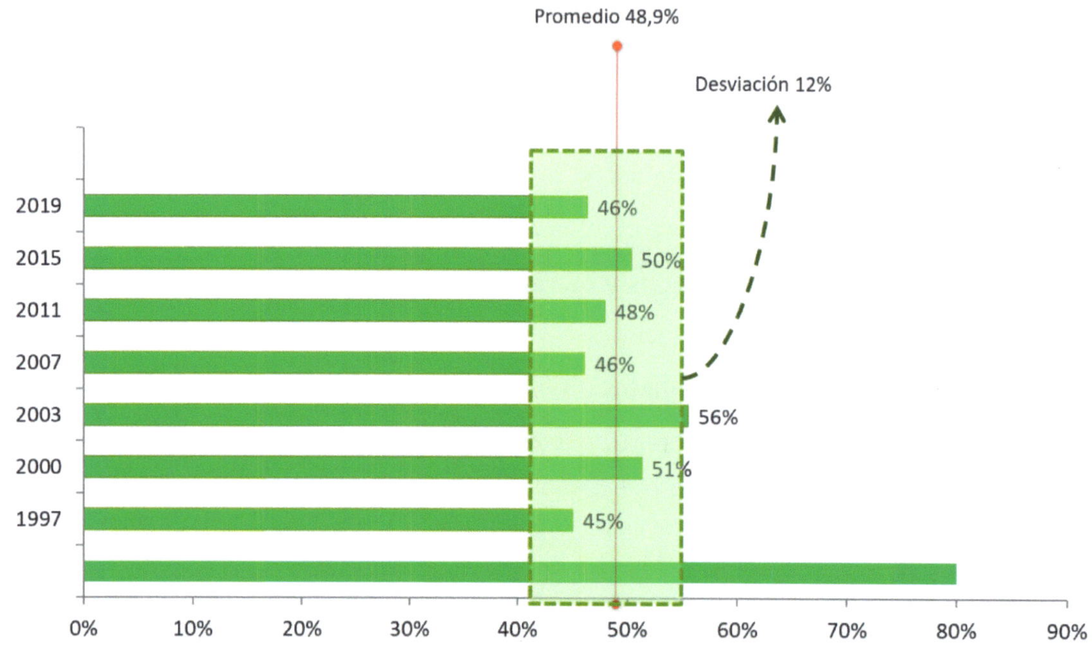

Ilustración 7 Comportamiento histórico de la Abstención en elecciones para alcalde municipal en Pereira. Colombia.

Por sustracción, el porcentaje de votantes estará entre el 45% y el 57% del potencial electoral municipal. Sin embargo, es previsible que una porción de ellos corresponda a votos blancos nulos o no marcados; los cuales, igual que la abstención, tienen un comportamiento más o menos regular como se observa en la siguiente tabla.

Tabla 3. Porcentaje de votos blancos, nulos y no marcados en elecciones para Alcalde Municipal de Pereira. Colombia 1997-2019

Año	Blancos	Nulos	No Marcados
2019	7,7%	4,7%	3,1%
2015	6,9%	4,8%	3,3%
2011	5,3%	5,3%	2,8%
2007	6,9%	9,4%	3,2%
2003	5,1%	5,8%	3,1%
2000	5,4%	7,4%	1,8%
1997	7,7%	4,7%	3,1%
Promedio	**6,2%**	**6,2%**	**2,9%**

La sumatoria de los promedios que se observan en la tabla anterior es 15,3% y sus desviaciones no superan el 3% en cada caso, lo cual nos permite suponer que en la próxima elección los votos blancos, nulos y no marcados serán entre el 13,8% y el 16,8% del total de votos. Los votos restantes (entre el 38% y el 49% del potencial electoral) deberán disputarse entre los candidatos.

Así como se lleva a cabo el análisis del municipio deberá hacerse un análisis para cada zona o sector electoral del mismo puesto que cada barrio o comuna tiene un comportamiento electoral diferente.

En el caso municipal que venimos analizando: la Zona Electoral 1, Comuna Villasantana tiene una abstención histórica promedio del 38% y las personas que votan (aproximadamente 62% en promedio) lo hacen en su mayoría por candidatos del Partido Liberal.

Entre tanto la Zona Electoral 90, Comuna el Jardín y ciudadanos no inscritos, posee la particularidad de ser el puesto de votación donde ejercen el derecho los jóvenes que recién cumplieron la mayoría de edad y que no han sido inscritos para votar cerca de su domicilio. Esta zona electoral presenta una abstención histórica promedio del 75% y los votos (restante 25% del potencial electoral) se distribuyen aleatoriamente entre todos los partidos con predominancia por aquellos que involucran a las juventudes.

Recomendación: Si ya ha sido candidato en procesos anteriores, el punto de partida deben ser sus propios resultados electorales por zona de votación. Establezca un porcentaje de crecimiento sobre la votación obtenida en el pasado. No hay mayor aprendizaje que el que se obtiene de los errores y recuerde que en el mercadeo es más costoso conseguir un nuevo cliente que fidelizar un cliente viejo; en elecciones, es más costoso "conquistar" un nuevo territorio electoral que crecer en uno conquistado.

3   La información del territorio.

El candidato ganador representa a una población que lo eligió y tiene un mandato de hacer o no hacer en el Estado según convenga o no a los representados. Lo que hará o dejará de hacer son las propuestas de campaña capaces de convencer al electorado de que un determinado candidato es la mejor opción.

En ese orden de ideas, es fundamental que sepamos cómo elaborar las mejores propuestas de campaña para que el electorado vea en nuestro candidato la alternativa que necesitan escoger.

Las mejores propuestas son aquellas que solucionan un problema que tiene la ciudad o el barrio y esos problemas se pueden identificar en los diagnósticos institucionales que reposan en los archivos públicos físicos o digitales.

Quizá lo más importante que hay para decir con relación a la información del territorio y sus pobladores es que debe ser analizada por expertos que integren el equipo asesor del candidato, quien solo hablará de datos y propuestas concretas, sin teorizar al respecto para no incurrir en errores que puedan afectar su imagen.

La información sobre temas sociales

La política social nació para atender a las poblaciones marginadas que no podían incorporarse a la dinámica productiva del naciente sistema capitalista. De allí en adelante, no se concibe el Estado, y mucho menos un Estado de Bienestar, sin una política social correspondiente.

Pareciera que política social es sinónimo de pobreza, sin embargo con la evolución de los Estados y la consolidación de las ciudades, sumado a los desarrollos científicos y tecnológicos, han aparecido demandas sociales que no se encuentran relacionadas directamente con la marginalidad, sino que corresponden a nuevos elementos que contribuyen a la percepción de bienestar del individuo y su comunidad.

No mencionaremos cada una de las variables y categorías de una política social, pero cuando nuestro candidato plantee propuestas o responda inquietudes respecto al desarrollo social, deberá estar informado al menos de los siguientes temas;

- Condiciones de educación, salud y alimentación infantil.
- Oferta y demanda educativa deportiva, artística y laboral para la juventud, las mujeres, los adultos mayores y las minorías étnicas, entre otros.
- Salud mental, consumo de alcohol y sustancias psicoactivas.
- Acceso a seguridad y justicia.
- Dinámicas de convivencia y resolución de conflictos familiares y comunitarios.
- Cultura Política.

- Población en condición de discapacidad, Equidad de género, diversidad sexual, colectivos sociales y activistas, entre otros.

En el discurso, nuestro candidato no deberá centrarse en la descripción de las problemáticas sociales si no tiene previamente concebida una alternativa de solución para las mismas. Tampoco permitirá que los medios de comunicación o sus adversarios en un debate lo sorprendan sin una solución para un problema comunitario.

La información sobre temas económicos

El bienestar económico en un territorio es una condición que depende del diseño y ejecución de propuestas de gobierno que fortalezcan el mercado local y creen de ventajas competitivas. Según la CEPAL[3], el desarrollo económico local es la acumulación de capacidades para mejorar, de manera colectiva y continuada, el bienestar económico de la comunidad.

Por lo anterior, el análisis de información económica debe estar orientado hacia propuestas reales dirigidas a solucionar problemas y fortalecer sectores estratégicos priorizados en los diferentes diagnósticos que se hayan realizado en el territorio en cualquiera de los sectores de la economía.

En el sector, de la agricultura y la minería, es muy importante que el candidato exponga con suficiente propiedad y conocimiento los principales problemas, soluciones y estrategias dirigidas al sector agropecuario y de extracción de materiales.

Igual que con el sector primario, debemos conocer y gestionar información relacionada con el tipo de industria que se desarrolla en su territorio, teniendo en cuenta datos como el aporte del sector a las tasas de empleo, principales fortalezas y debilidades, contribución del sector al PIB, necesidades y expectativas del gremio.

Los mismos datos que acabamos de mencionar para el sector industrial es conveniente que el candidato los conozca para el sector comercial y de servicios. En estos sectores será muy importante considerar el

---

[3] Comisión Económica para América Latina y el Caribe, 2001

turismo como alternativa de desarrollo económico y dentro de él todas las variables asociadas como oferta de servicios, temporadas altas y bajas, flujos de visitantes y demás.

Además de los tres sectores de la economía, existen temas que, por ser de actualidad, están siempre presentes en el discurso o debate económico de las campañas electorales. El primero de estos temas económicos transversales es la tecnología que puede ser un medio o un fin en sí misma.

Es un medio cuando apoya la innovación y la modernización de las actividades en cualquiera de los tres sectores económicos mencionados, es un fin económico cuando los países o regiones escogen la producción de hardware y software como principal renglón de su actividad económica. Otros temas transversales, y que nuestro candidato debe conocer con precisión, son aquellos relacionados con el empleo, el empresariado y el emprendimiento.

Referente al empleo y teniendo en cuenta que es uno de los temas más movilizadores para el elector, será fundamental que nuestro candidato conozca las cifras de desempleo y sus variables relacionadas. Por ejemplo, cuál es el porcentaje de desempleo por grupo de edad, por nivel educativo, por género, sector económico y ubicación geográfica. Con la anterior información, el equipo de campaña y el candidato deberán diseñar propuestas para generar empleo en cada uno de los grupos poblacionales identificados.

En cuanto al empresariado y el emprendimiento, nuestro candidato deberá tener una propuesta concreta y sencilla que facilite su relación con los gremios de empresarios y que se articule con las expectativas del futuro que tiene los emprendedores. La propuesta debe contener actividades comerciales masivas, incentivos tributarios, capital semilla, formalización laboral y otras respuestas a las necesidades que tenga cada segmento empresarial en particular.

La información sobre temas ambientales

El diagnóstico ambiental que requiere nuestro candidato no es el discurso catastrófico e inculpador que se suele escuchar en los medios de comunicación. Si bien es cierto que cualquier evaluación ambiental identifica unos impactos que generan las actividades humanas en los recursos naturales, también lo es que para cada una de esos problemas ambientales identificados existen alternativas de prevención, mitigación, corrección o compensación y es allí donde debe centrarse nuestro candidato y su equipo asesor; en las soluciones y no en los problemas.

La manera más sencilla de abordar el tema ambiental es subdividiéndolo en sus componentes constitutivos a saber:

- El recurso hídrico, para cuyo análisis el equipo de campaña debe conocer la calidad y cantidad de fuentes de agua en el territorio y comparar esta información con las necesidades de la misma para el desarrollo de actividades agrícolas, mineras, industriales, domésticas, comerciales y de servicios. A partir de los problemas de cantidad y calidad identificados, se debe plantear soluciones viables que convenzan al electorado.
- El recurso aire concentra su importancia en la calidad, pues su cantidad es indeterminada. La contaminación del aire se puede plantear electoralmente desde tres frentes: la contaminación por polución y esmog provenientes de vehículos e industrias, la contaminación visual y la contaminación por ruido.
- El recurso suelo y sus usos. Como planteamos inicialmente, toda comunidad política está asentada en un territorio con características físicas, químicas y climáticas que lo hacen apto para algunos usos e inviable para otros. En el análisis del recurso suelo es imprescindible considerar los aspectos de riesgo que se presentan en los centros urbanos, los conflictos de uso comunitario y la productividad de los suelos agrícolas, además de las zonas de conservación, los bosques y los lugares con riqueza paisajística.
- Fauna y flora; como ya se ha dicho el candidato no puede ni debe ser experto en todos los temas y por esta razón cuenta con el apoyo de un grupo de técnicos que lo asesoran y acompañan en diferentes áreas. Respecto a la fauna y flora es importante proponer estrategias de conservación de especies articuladas con procesos de aprovechamiento turístico y transformaciones culturales y productivas en los usos del suelo.

La información sobre temas de infraestructura

El término *infraestructura* hace referencia a una estructura que sustenta a otra, por ejemplo, la infraestructura vial y eléctrica que soportan la estructura social y productiva de una región. Así, la infraestructura de un territorio está estrechamente relacionada con el nivel de desarrollo de la sociedad que lo habita. Frecuentemente, y especialmente en la gestión pública, la infraestructura se entiende como un conjunto de instalaciones, instituciones, sistemas y redes que garantizan el funcionamiento de las organizaciones sociales.

Como ejemplos de infraestructura, podemos señalar: los sistemas de telecomunicaciones, las centrales eléctricas, las escuelas, las entidades financieras, los hospitales, aeropuertos, puentes, represas, las redes de distribución de agua potable y de energía, el manejo de residuos sólidos y líquidos, las vías navegables, los puertos, los ferrocarriles, las carreteras, el control del tránsito automotor, los parques industriales y sistemas de emergencia, militares y de policía, redes vitales, entre otros.

Respecto a la infraestructura, nuestro candidato debe tener las siguientes consideraciones;

- Siempre existirá la necesidad de realizar proyectos para nuevas infraestructuras o para mejorar infraestructuras existentes.
- Los proyectos para nuevas infraestructuras o para mejorar infraestructuras existentes siempre conllevan impactos ambientales y sociales que nuestro candidato debe conocer y argumentar con suficiencia: tanto para defender sus propuestas como para discutir las de sus oponentes.
- Los proyectos para nuevas infraestructuras o para mejorar infraestructuras existentes siempre requieren dinero para ser realizados y nuestro candidato debe hablar con propiedad de las fuentes de financiación de sus propuestas y encontrar debilidades en la financiación de las propuestas de sus oponentes.
- Las propuestas sobre obras de infraestructura con buenos argumentos sociales, ambientales y financieros siempre suman votantes.

Se necesita un equipo organizado

Un grupo es diferente a un equipo, por ejemplo, si once arqueros de futbol se encuentran en un estadio podríamos decir que en el estadio hay un grupo de futbolistas, pero no un equipo de futbolistas. Los equipos son grupos de personas que están en una interacción recíproca, ejecutan actividades definidas y comparten sentimientos y opiniones según los cuales definen un propósito común.

Frecuentemente, los equipos están caracterizados por la forma en la que se comunican, la manera en que se ordenan para el trabajo y la definición de actividades para cada integrante. Teniendo en cuenta lo anterior y dado que un gobierno no puede ser ejercido por una sola persona, cada candidato necesita un equipo de trabajo que esté muy bien organizado.

Independientemente que nuestro equipo sea un movimiento de ciudadanos o un partido, es importante que se comporte como una organización bien estructurada y con propósitos comunes, puesto que después de la elección gran parte de sus colaboradores constituirán su equipo de gobierno.

Gestionar el equipo de trabajo consiste en determinar los roles dentro de la campaña e identificar las habilidades requeridas, las responsabilidades y las dinámicas de comunicación interna. La gestión de los recursos humanos es útil, entre otras cosas, para determinar e identificar aquellos recursos humanos que posean las habilidades requeridas para el éxito de la campaña.

La gestión del equipo debería incluir la participación de cada integrante en los momentos claves para cada rol y cada actividad, además se deben identificar las necesidades de capacitación, las estrategias para fortalecer el trabajo de equipo y algunos mecanismos de motivación, reconocimiento y recompensa.

Una buena gestión del equipo de campaña debe tener en cuenta el talento humano disponible, los aspectos del contexto social, cultural y económico que pueden influir en las dinámicas del trabajo en grupo. En tal sentido, cuanto más preciso esté definido el rol que debe desempeñar cada miembro del equipo, existirá menor riesgo de desviación respecto al propósito común y se disminuirá la necesidad de reprocesos, ajustes y sustituciones.

El tono, el lenguaje, la frecuencia y el tipo de mensajes deben ser propios de cada equipo de trabajo, junto a los medios que utiliza, son variables que debidamente administradas garantizan la fluidez de los procesos y disminuyen las probabilidades de error en las actividades de la campaña.

Existen diversas alternativas para expresar gráficamente los roles y las responsabilidades de los miembros del equipo, pero cualquiera que sea el método utilizado, no debemos perder el objetivo de asegurar que cada tarea y actividad tengan un responsable sin ambigüedades y que cada miembro del equipo tiene un claro entendimiento de sus roles y responsabilidades.

Recomendación: *Cualquiera que sea el modelo que se elija para organizar el equipo de colaboradores, es fundamental la existencia clara e inequívoca de los centros de poder en el equipo en los aspectos comunicativos, financieros y logísticos, buscando el control y la cohesión de las actividades requeridas y programadas para obtener los resultados esperados.*

Veremos a continuación un par de opciones para que el candidato pueda organizar su equipo de campaña y obtenga mejores resultados tanto en la elección como en el gobierno.

1 La organización jerarquizada por funciones.

Una organización diseñada por jerarquías o áreas funcionales es la entidad ideal cuando se debe realizar un conjunto de tareas que requieren conocimiento especializado. Ello se debe a que las áreas funcionales resuelven problemas específicos y entregan productos/servicios intermedios con alto nivel de elaboración. Las organizaciones militares y religiosas son la muestra más clara de una jerarquía y especialización institucional. En la cúspide de la organización hay una persona (Un general o Líder Espiritual), bajo sus órdenes se encuentran pocos integrantes de su organización, pero con gran poder y funciones específicas que a su vez tienen subordinados con funciones específicas.

El organigrama es la representación gráfica por excelencia de una organización diseñada por funciones y la división del trabajo su principal característica. Cada área funcional tiene responsabilidades y realiza sus tareas específicas con personal especializado y lenguaje propio, sin la participación de otras áreas funcionales con quienes interactúa solo para entregar los productos o servicios intermedios elaborados.

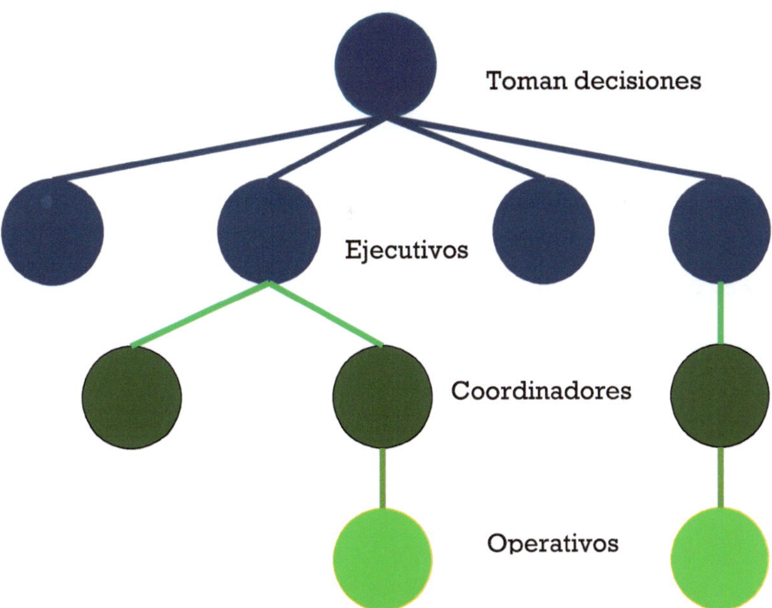

Ilustración 8 Ejemplo de un organigrama de campaña

Teniendo como referente gráfico un organigrama, en las organizaciones funcionales, cada área conoce aspectos relacionados con sus entregables desde el líder hacia "abajo" pero desconoce los asuntos generales de la organización, es decir, desde el líder del área hacia "arriba". El único que conoce el panorama general de la organización es el superior jerárquico de la misma.

Entre las ventajas de este tipo de organización podemos enunciar la definición inequívoca de las funciones y responsabilidades de cada individuo, el nivel de expericia que alcanza cada una de las áreas funcionales, la facilidad con la que se puede representar y comprender la estructura (organigrama) y roles dentro de la organización.

Por otro lado, la principal desventaja de la organización diseñada por áreas o departamentos es su rigidez. Este tipo de organizaciones es resistente al cambio, interno y externo, por la lentitud en su transformación. Son entidades con bajos niveles de aprendizaje organizacional, puesto que se establecen métodos y metalenguajes que crean barreras entre diferentes áreas funcionales, estableciendo rutinas y "maneras de hacer las cosas" que en ocasiones no se compadecen de las necesidades de la organización.

Otro aspecto importante para tener en cuenta en el diseño de una organización representada en un organigrama es que entre más alto y más ancho, es más ineficiente y más costoso. Ello, debido a que un organigrama con muchos niveles verticales o muchas ramificaciones horizontales tarda mucho en comunicar las instrucciones y le cuesta bastante articular las dependencias.

2   La organización por procesos.

Un proceso lo podemos entender como un conjunto de actividades planificadas que implican la participación de un número de personas y de recursos materiales coordinados para conseguir un objetivo previamente identificado.

La organización estructurada por procesos distribuye su talento humano según el rol que cada persona tiene dentro de un proceso y no según una tarea por la cual se crea un cargo. En el mundo corporativo, la organización por procesos se relaciona con los sistemas de calidad, con satisfacción del cliente y con adaptabilidad empresarial.

Un equipo de futbol es claramente una organización diseñada por procesos, a cada jugador, aunque tiene un rol individual definido, se le instruye para que participe de una jugada colectiva cuando las circunstancias lo determinen con el propósito fundamental de anotar un gol. Así las cosas, cada integrante debe entender cuál es su rol y cómo varía de acuerdo a los cambios en el contexto para que no cambie el resultado esperado. En ese escenario cualquier jugador podría eventualmente cumplir el rol de arquero. El principal referente gráfico de este tipo de organizaciones es el Mapa de Procesos.

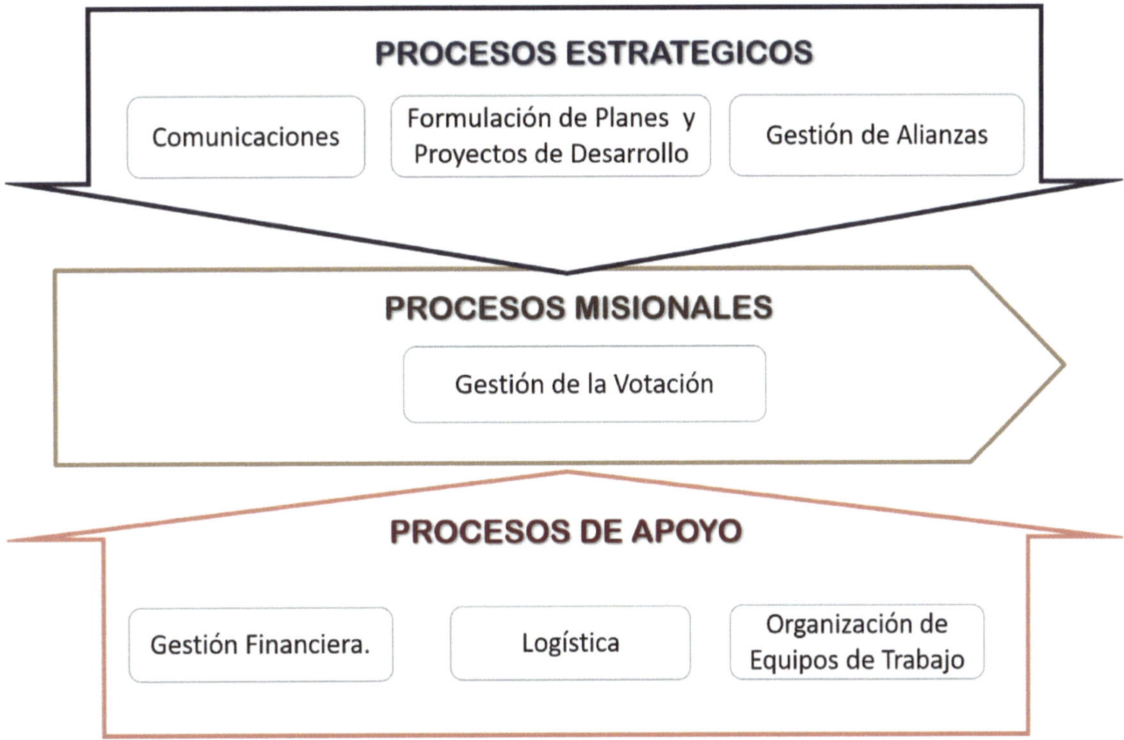

Ilustración 9 Ejemplo de un mapa de procesos de campaña

En este tipo de organizaciones podemos identificar tres   procesos: los misionales y como su nombre lo dice son procesos encargados de cumplir con la misión organizacional y eso los hace claves. Son los procesos propios de la actividad principal de la organización y soportan las decisiones y proyecciones estratégicas. Para el caso electoral, el proceso de conseguir votantes.

El segundo tipo de procesos por mencionar son los estratégicos, aquellos relacionados con la alta dirección de la organización y con el largo plazo. En desarrollo de los procesos estratégicos se construye, socializa y mantiene la visión organizacional. En nuestro caso serían las comunicaciones y los procesos de elaboración de planes estratégicos tales como los económicos, sociales y de gobierno, entre otros.

Por último, los procesos de apoyo que como su nombre lo indica, prestan soporte para que los procesos misionales puedan desarrollarse. La mayoría de las veces los procesos de apoyo son transversales a toda la organización, su principal responsabilidad es entregar recursos de diversa índole a los demás procesos de la organización. Una pequeña diferencia entre las funciones y los procesos puede evidenciarse en la siguiente tabla;

Tabla 4 Ejemplos de funciones y procesos

Función	Proceso
Conductor	Transporte
Diseñador	Manejo de Imagen
Tesorero/Pagador	Gestión Financiera
Comunicador	Gestión de la Comunicación.

3 La organización del equipo de campaña.

Puesto que ambos esquemas de organización tienen ventajas y desventajas, serán las condiciones del contexto y las características de la campaña quienes determinarán las bondades de uno u otro modelo. Es recomendable utilizar ambos de manera simultánea o alternada dependiendo del tamaño del equipo de trabajo y el momento de la campaña electoral.

Por ejemplo, en campañas regionales y nacionales será apropiado tener un organigrama para el más alto nivel de gestión y una distribución por procesos en los niveles medio y bajo. En campañas locales o municipales se recomienda una organización jerárquica o del tipo organigrama que resulta de fácil manejo por lo menos durante las primeras etapas de la campaña.

Si sucediera que el equipo de campaña crece en número de manera importante será recomendable una distribución por procesos, o un enfoque mixto de organigrama en los altos niveles y procesos en los medios y bajos.

No obstante, bien sea que se utilice el organigrama, el enfoque de procesos o un modelo mixto, la decisión deberíamos tomarla basándonos en la elaboración de matrices de habilidades y competencias que permitan asignar cada rol, actividad o tarea a la persona más indicada.

Una matriz de habilidades y competencias nos facilita la optimización del recurso humano disponible para nuestro candidato.

La matriz debe incluir el proceso, las actividades o tareas y las habilidades o competencias requeridas para llevarlas a cabo, esta información se cruza con el equipo de trabajo disponible.

Una vez elaborada la matriz de habilidades y competencias, es recomendable elaborar una segunda matriz, de asignación de responsabilidades. Un ejemplo podría ser el siguiente:

Tabla 5 Ejemplo de Matriz de Habilidades y Competencias

Proceso	Actividad	Habilidad o Competencia Requerida	Integrante				
			José	María	Carlos	Manuela	Juan
Manejo de Redes Sociales	Publicaciones Intagram/Facebook	Fotografía		x			
		Redacción			x		
	Análisis de Noticias	Comprensión de Lectura					x
Compras	Solicitud Cotizaciones	Habilidades de negociación			x	x	
		Relaciones Públicas	x			x	
	Recepción Almacenamiento	Manejo de Inventarios		x			
	Distribución de Materiales	Orden. Manejo de Inventarios. Sabe Conducir.	x				x

La asignación de responsabilidades es un resultado lógico del análisis de habilidades y competencias, cada integrante del equipo debe trabajar en lo que sea experimentado, conocedor y eficiente.

Ambas matrices son similares, pero su principal diferencia radica en que en la primera se identifican las habilidades requeridas para cada tarea y en la segunda se asigna la responsabilidad de su ejecución, la matriz de asignación de responsabilidades podría verse de la siguiente manera;

Tabla 6 Ejemplo de Matriz de Asignación de Responsabilidades

Proceso	Responsable del Proceso	Actividad	Responsable Actividad				
			José	María	Carlos	Manuela	Juan
Manejo de Redes Sociales	Benjamín	Publicaciones Instagram	X				
		Publicaciones Facebook		X			
		Seguimiento a Impacto en Redes				X	
Compras	Martina	Solicitud Cotizaciones	X		X		
		Recepción Almacenamiento					X
		Distribución de Materiales			X		X

Se necesita un presupuesto

La financiación de las campañas electorales se ha convertido en un tema cada vez de mayor trascendencia y sensibilidad en muchos países del mundo, ya que en ocasiones el candidato crea compromisos con los financiadores que afectan las decisiones del gobernante. En el campo electoral, el costo de las actividades requeridas para llevar a cabo una campaña hace que el dinero sea tan determinante que se dice que no hay campañas perdedoras, sino campañas desfinanciadas.

La financiación es el mecanismo por medio del cual las personas u organizaciones adquieren (o aportan) recursos en dinero para desarrollar una iniciativa o proyecto y, dependiendo de su lugar de proveniencia, los financiamientos pueden dividirse en externos e internos.

El financiamiento interno es aquel en el cual la organización o persona acude a sus propios recursos para cubrir las necesidades de financiamiento. Entre tanto, el financiamiento externo corresponde al que proviene de inversionistas que no son parte de la organización. Un ejemplo de ello son los créditos bancarios, los patrocinios y los recaudos colectivos, entre otros.

Aunque puede parecer lo contrario, el surgimiento de nuevas tecnologías para la comunicación y la consolidación de las redes sociales no han cambiado las necesidades financieras para el desarrollo de las campañas. Ayer y hoy, aquí y allá, la insuficiencia de recursos financieros para campañas electorales desestimula y en ocasiones evita la participación en procesos democráticos.

Pero entonces: ¿Cuánto dinero es suficiente? La respuesta siempre será; depende.

1   Estimar el presupuesto de Campaña.

Estimar el presupuesto de campaña consiste en conocer de manera anticipada y planificada cuáles serán los costos de la misma, de acuerdo a la cantidad y características de las actividades que deseen llevarse a cabo. En consecuencia, para estimar el presupuesto debemos tener un plan de campaña que contenga como mínimo un listado de actividades definidas en el tiempo.

Lo anterior, no significa que todo resultará según lo planeado y que el dinero presupuestado será exactamente el dinero gastado. Sin embargo, la estimación contribuye a ordenar el trabajo y facilitar la planificación de acciones en el desarrollo de la campaña, por lo tanto, nos permite estimar reservas de gestión (sumando un pequeño porcentaje al presupuesto final) para cubrir gastos o situaciones inesperadas.

A continuación, mostraremos lo que podría ser un esquema básico del plan de campaña;

Tabla 7 Ejemplo general de Actividades del Plan de Campaña

Línea Estratégica	Componente	Actividad
Comunidades	Acercamiento	Realizar encuentros comunitarios
		Atender Líderes Comunitarios
	Solución problemáticas	Diagnósticos profesionales.
		Gestión de recursos materiales.
		Gestión Institucional.
Comunicaciones	Redes Sociales	Manejo de Imagen.
		Publicaciones diarias
	Gestión de Medios	Ruedas de prensa.
		Relaciones Públicas.
		Rondas de medios.
	Material Gráfico	Diseño de piezas gráficas.
		Elaboración de piezas gráficas.
		Distribución de piezas gráficas.
Alianzas	Intrapartidistas	Reuniones y Encuentros.
	Interpartidistas	Desplazamientos, alojamientos y reuniones.

Una vez que hemos identificado las actividades que se realizarán, podemos también identificar los recursos materiales (las cosas) que se requieren para desarrollar tales actividades y con ello calcular la cantidad de dinero que se necesita para cada una y para todas en conjunto. Si además las actividades están programadas en el tiempo, el presupuesto se puede proyectar de manera semanal, mensual o según la frecuencia que interese a nuestro candidato o al equipo.

Tabla 8. Ejemplo de presupuesto por meses

Actividad	Mayo	Junio	Julio	Agosto
Realizar encuentros comunitarios	$100		$100	
Atender Líderes Comunitarios	$20	$20	$20	$20
Diagnósticos profesionales.	$40	$40	$40	$40
Gestión de recursos materiales.		$80		$100
Gestión Institucional.			$20	
Manejo de Imagen.	$12	$12	$12	
Publicaciones diarias	$8	$8	$8	$8
Ruedas de prensa.	$150			$150
Comunicados.	$8	$8	$8	$8

Rondas de medios.		$100	$100	
Diseño de piezas gráficas.	$12		$12	
Elaboración de piezas gráficas.	$100		$100	
Distribución de piezas gráficas.		$100		$100
Reuniones y Encuentros.	$100	$100	$100	$100
Desplazamientos, alojamientos y reuniones.		$100		$100
Total	$100	$568	$520	$626

2   La estrategia de recaudo.

Estimando el presupuesto podemos proyectar las acciones necesarias para conseguir el dinero que se requiere para cumplir con las actividades programadas en la campaña.

Siempre será bueno que tengamos una estrategia de recaudo y si, además esta estrategia se encuentra vinculada a una programación del gasto, las probabilidades de ser eficientes y ajustados en los costos de la campaña se incrementan de manera significativa.

En casi todos los sistemas electorales se ha intentado limitar la influencia de los grandes y pequeños donantes, limitando el gasto, regulando el registro de ingresos-egresos y ofreciendo recursos estatales para la financiación de partidos y movimientos políticos. Sin embargo, existen diferentes alternativas para conseguir el financiamiento requerido.

En los procesos electorales se puede acudir a diferentes fuentes de financiación que son permitidas o prohibidas según la legislación de cada país o región. Entre esas fuentes de financiación se encuentran:

- El Estado.

- Grandes donantes.

-Pequeños donantes.

-Crédito Bancario.

-Crédito informal.

También, en la mayoría de los sistemas electorales, los candidatos representan partidos políticos que son lo suficientemente sólidos en el aspecto financiero para apalancar parcialmente las campañas electorales de sus integrantes. No obstante, los recursos aportados por los partidos son necesarios, pero no suficientes.

En Colombia, por ejemplo, es usual que los candidatos combinen diferentes estrategias de financiación. Una de ellas, es el acceso a créditos bancarios aportando como garantía de pago la reposición por votos que es una figura jurídica consistente en que el Estado colombiano repone un valor por voto obtenido a los candidatos participantes, cuando hayan conseguido un número mínimo de votos en el proceso electoral anterior.

Otra alternativa de financiamiento electoral, es la representación sectorial. Cuando nuestro candidato representa a un sector económico o social de la población puede obtener de ellos los recursos necesarios para el desarrollo de su campaña. Evidentemente, la financiación sectorial implica compromisos ideológicos y de gestión con el sector poblacional aporta para la campaña.

Finalmente, mencionaremos las estrategias de recaudo para pequeños donantes. Este tipo de alternativa de financiación tiene dos propósitos; obtener recursos y fidelizar a los votantes. Lo anterior implica que se requiere el doble de esfuerzo.

En el acto humano de donar subyacen dos valores cívicos: la confianza y la solidaridad. Ambos deben cumplirse, el donante debe confiar en que su beneficiario utilizará los recursos para los fines convenidos, pero además debe ser empático con su causa al punto de querer aportar solidariamente para su consecución.

Es fácil obtener un millón de dólares, pidiendo un dólar a un millón de amigos. Lo difícil es tener el millón de amigos.

Las estrategias de recaudo a través de pequeñas donaciones requieren un gran número de donantes y, en consecuencia, requieren estrategias de comunicación muy bien planificadas y ejecutadas.

El mejor ejemplo de lo anterior, es la primera campaña de Barack Obama a la presidencia de los Estados Unidos, en la cual se utilizó una estrategia de recaudo y comunicaciones a través de la red social Facebook que transformó el diseño de campañas presidenciales en su país y en casi toda América.

Recomendación: Si quiere diseñar una estrategia de recaudo de donaciones ciudadanas, destine recursos humanos, técnicos y tecnológicos suficientes para que se desarrolle como una estrategia independiente. Procure no considerarla una actividad menor, dependiente de la estrategia de comunicaciones, ya que gane o pierda tendrá que ofrecer explicaciones al respecto cuando termine la campaña.

3   El registro del gasto.

Al final de la campaña, será necesario saber cuánto se gastó y en qué actividades. Las razones para ello son diversas; para satisfacción propia, para cumplir con exigencias legales, para ser transparente con los donantes y electores, entre otras justificaciones para registrar de manera rutinaria cada uno de los gastos de la campaña.

Si nuestra campaña ha estimado el presupuesto y lo ha programado mensualmente como explicamos en el apartado anterior, el control del gasto será un proceso relativamente sencillo que permitirá monitorear el comportamiento general de la campaña.

Del mismo modo, el registro y control del gasto contribuyen a la elaboración de estrategias creativas de gestión comunicativa, política y comunitaria. Adicionalmente, el monitoreo en este campo permite tomar decisiones más rápido y con mayor eficiencia en beneficio de la campaña, así como identificar nuevas fuentes de financiamiento sobre la marcha.

Por último, quizá la principal ventaja de controlar los gastos de campaña permanentemente, es que nos facilita el cumplimiento de las leyes, puesto que garantiza la información suficiente para que las autoridades correspondientes puedan auditar el cumplimiento de la ley electoral en los aspectos financieros, contables y tributarios.

Se necesita comunicación persuasiva

Puesto que existe bibliografía amplia y suficiente relacionada con la comunicación y el mercadeo político, nos centraremos en este capítulo en los fines de la comunicación y no tanto en la comunicación en sí misma.

En ese orden de ideas, es necesario que precisemos cuáles son los fines de la comunicación política y cuál es la dirección que se debe seguir para obtener lo mejor de ella.

¿Para qué se comunica en una campaña política? Las respuestas podrían ser varias; para conseguir votos, presentar propuestas, poner en evidencia a los adversarios, para exhibir al candidato y otras tantas finalidades del proceso electoral. Pero, sea cual sea el objetivo definido, la comunicación debe convencer al receptor que el mensaje que se ha enviado es confiable y que además debe adoptar el comportamiento o pensamiento sugerido.

Si no lo desarrollamos con propósitos persuasivos, el componente comunicativo de nuestra campaña puede ser muy costoso e ineficiente. En tal sentido, para que un mensaje sea persuasivo y logre cambiar la actitud y la conducta, previamente debe cambiar los pensamientos y creencias del receptor.

1   ¿Quién lo dice?

Tratemos de recordar por un momento un comercial de pasta dental: en un consultorio odontológico aparece una persona adulta, elegantemente vestida y con una bata blanca por sobre su traje que menciona las bondades del producto promocionado.

Es muy probable que la persona que aparece en el comercial sea profesional en actuación y no en odontología; no obstante, el contexto y el discurso hacen que se intuya lo segundo y terminemos siendo persuadidos. Los psicólogos sociales han encontrado que la audiencia recibe un mensaje condicionado por quien lo dice.

En otras palabras, el emisor del mensaje es fundamental en el efecto persuasivo. Las personas permiten que un mensaje cambie sus percepciones y comportamientos si confían en quien lo emite. Pero, entonces ¿cuándo un emisor es más confiable? Según los psicólogos sociales cuando cumple con dos características: credibilidad y atracción.

Credibilidad

La credibilidad que un emisor pueda tener en una audiencia depende básicamente de la experticia que se le conoce y la sinceridad que se le percibe. La experticia de un emisor hace referencia a su conocimiento, experiencia, aptitudes y desempeño en aspecto específico.

Un reciente ejemplo se pudo conocer durante la pandemia del COVID-19 en los Estados Unidos. El entonces presidente Donald Trump se enfrentó en repetidas ocasiones a las opiniones de su asesor en salud el Dr. Faucci (Un reconocido experto nacional en epidemiología), estos enfrentamientos afectaron negativamente la credibilidad del Presidente y tuvieron consecuencias significativas en su derrota en la campaña de reelección.

Recomendación: *Nunca se enfrente a un experto técnico en los temas de su conocimiento, si la confrontación es necesaria consiga un aliado con el mismo o mayor nivel de experticia para que discuta en su nombre.*

Son fáciles de identificar los ejemplos en el mundo de la publicidad y el mercadeo de productos, en los cuales el emisor goza de amplia credibilidad en el público objetivo: los futbolistas como Messi o Cristiano Ronaldo recomiendan zapatillas de futbol de una u otra marca para obtener mejor desempeño. Entre tanto, los ciclistas promueven diferentes marcas de cascos, zapatillas y bicicletas, así como los músicos mencionan publicitariamente cuál es la mejor marca de pianos o guitarras, entre muchos otros ejemplos.

Sin embargo, la credibilidad del emisor tiene sustento y caducidad.

Lo que sustenta la credibilidad que pueda tener un emisor tiene que ver con su educación (DR. Faucci), con su ocupación y experiencia (Lionel Messi) y con la claridad y fluidez con las que emita el mensaje a través de diferentes medios o canales. Cuando el mensaje esté escrito deber ser fácil de leer y comprender y cuando el mensaje se transmita oralmente, debe tener tono neutro y velocidad media con ideas encadenadas, continuo, sin pausas abruptas, cortes de respiración o dificultades de articulación de ideas. En tal sentido, citar fuentes que gozan de cierta autoridad o prestigio incrementa la credibilidad con la que se es percibido como emisor.

En cuanto a la caducidad, señalan los psicólogos sociales que los efectos de la credibilidad del emisor no son permanentes y tienden a desvanecerse con el tiempo. En otras palabras, el receptor va separando al emisor y al mensaje y tiende a olvidar a uno de los dos. Se le conoce como el efecto durmiente (*sleeper effect*).

Atracción

Como hemos mencionado, otro aspecto que otorga credibilidad al emisor de un mensaje es su capacidad de ser atractivo para las otras personas. Es conocido socialmente que las personas más atractivas poseen un mayor poder persuasivo. Esto puede deberse a que un emisor atractivo capta la atención durante más tiempo e influye en la fase de aceptación, pues el receptor puede desear ser, pensar o actuar de la misma manera que el emisor del mensaje.

Adicional a lo anterior, las personas asociamos el atractivo físico a otras características positivas, como honestidad o la sinceridad. Aunque, los efectos persuasivos de la atracción son más débiles que los de la credibilidad, de manera que cuando ambos efectos están en conflicto, la credibilidad supera a la atracción. Así, un emisor con alta credibilidad, pero baja atracción es más persuasivo que alguien atractivo, pero sin credibilidad.

Hay otros factores, quizá menos importantes o que influyen de manera más indirecta en que una fuente tenga mayor o menor capacidad persuasiva. Una de tales características es el poder que ostenta, o aparenta, quien emite el mensaje.

Poder

Socialmente, el poder se define como la capacidad que tiene el sujeto A para que el sujeto B realice o no determinada acción por su propia voluntad o porque es obligado cuando no desea realizarla. En tal caso, diremos que B hace lo que A le dice: A tiene poder sobre B.

Hablando de comunicación persuasiva; el concepto de poder hace referencia a la capacidad de la fuente para que el receptor haga o deje de hacer algo, porque su decisión está afectada por un sistema de beneficios y perjuicios que es controlado por el emisor.

El poder persuasivo de una fuente depende elementalmente del sistema de creencias asociadas al mensaje. Lo primero es que los receptores crean que el emisor controla realmente el sistema de beneficios y perjuicios; lo segundo consiste en que el receptor crea que el emisor utiliza dicha capacidad de control y por último, el tercer factor tiene que ver con que el receptor se convenza de que el emisor se enterará de su desobediencia o disconformidad y, en consecuencia, aplicará el sistema de beneficios y perjuicios.

Un buen ejemplo del poder como elemento de comunicación persuasiva sucede cuando nos encontramos con un agente policía. Sabemos de antemano que el individuo controla un sistema de sanciones (llamado de atención, la multa, el sometimiento físico) y un sistema de recompensas (dejarnos tranquilos). De tal forma que si un policía se acerca a nosotros y nos manifiesta: "Salga del vehículo y ponga sus manos en un lugar visible", es probable que su mensaje nos convenza inmediatamente, pues la relación de poder cumple con los tres factores mencionados con anterioridad.

Otro ejemplo se puede ver cuando un candidato tiene el favor y el patrocinio del gobernante que será reemplazado. Su mensaje es más convincente entre los electores, ya que estos están convencidos que, a través del gobernante en funciones, el candidato tiene el control de un sistema de recompensas y castigos que se hacen efectivas al votar por él, o no hacerlo.

Recomendación: Si nuestro candidato no está acompañado por el gobierno saliente, es muy importante que pueda demostrar "qué puede hacer" en términos de beneficios o perjuicios para el electorado, una demostración concreta. Por ejemplo, un logro en la generación de empleo, en la gestión de una obra pública u otra acción que le permita hacer una demostración de su poder.

2   ¿Qué se dice?

El mensaje es lo que viaja de un individuo a otro(s). Es como una flecha; tiene punto de partida en un arquero (emisor) viaja a través del aire (medio) y tiene punto de llegada en un blanco (receptor). Sin embargo, no está garantizada la llegada al lugar exacto que se tiene como blanco, ello depende del arquero o emisor, de quien ya hemos hablado. Pero también depende de la flecha, de los materiales y la forma con la que está hecha.

En este subcapítulo, nos ocuparemos de la flecha, es decir, el mensaje. De acuerdo con los psicólogos sociales existen "dos caminos" para que un mensaje llegue a convencer al receptor: un camino racional y otro emocional.

El camino racional, es recorrido por un mensaje cargado de datos e información que argumentan, justifican o soportan la proposición expuesta. En contraste, existe el camino de las emociones, por el cual el mensaje debe trasegar cargado de sentimientos y empatías.

Actualmente, las investigaciones sugieren que la eficacia de uno u otro tipo de "camino" que recorra el mensaje depende de la actitud, la percepción o el comportamiento que se pretende modificar en el receptor.

Los mensajes apoyados en razones

La racionalidad del receptor analiza los datos, argumentos y conceptos de lo que se ofrece con el mensaje. El receptor realiza cálculos, análisis y comparaciones entre diferentes marcos de referencia para aceptar o rechazar el contenido del mensaje.

El mensaje que usa a la racionalidad es típico de la dialéctica política en la que se argumenta en ataque y defensa. Los datos económicos, demográficos o ambientales interpretados de una manera u otra pretenden dar fuerza a una idea y con ello convencer a un público.

En tal sentido, debemos mencionar tres aspectos relacionados con el uso de los argumentos: el primero es que la racionalidad humana prefiere la asociación de ideas para su aprendizaje; en otras palabras, el mensaje será más persuasivo si el argumento que lo soporta puede asociarse con algo o alguien que el receptor conoce.

Por lo anterior, los ejemplos son una eficaz manera para argumentar los mensajes y hacerlos más persuasivos, sin la complejidad analítica de los datos o las estadísticas. El ejemplo, como forma de argumentación, se sirve de la memoria y los sentidos humanos para disminuir la resistencia al mensaje.

Un ejemplo puede hacernos vivenciar de manera detallada un acontecimiento y generar empatía respecto al mismo. En conclusión, el resultado persuasivo de los ejemplos es bastante mayor que el de los porcentajes, promedios y otros datos estadísticos.

El segundo aspecto para considerar es que el mensaje es más persuasivo cuando su argumento principal hace referencia a un evento que el receptor considera que probablemente sucederá. En contraste, cuando el receptor estima poco probable la ocurrencia del fenómeno que plantea el argumento, el mensaje será menos persuasivo.

Por ejemplo, si un candidato propone fortalecer el ejército para defenderse de una invasión extra-terrestre puede ser menos convincente que si propone lo mismo para evitar las agresiones de un país fronterizo.

Recomendación: Una forma de incrementar la estimación de probabilidad en el receptor -respecto al argumento- es proporcionarle una explicación causal del fenómeno. En el ejemplo anterior se podría decir: "... propone fortalecer el ejército para defenderse de una invasión extra-terrestre..." puesto que los observatorios astronómicos han venido detectando objetos voladores cerca de la órbita terrestre y existen vestigios históricos de anteriores visitas.

El otro aspecto que debemos tener en cuenta en la construcción de mensajes racionales, es que el receptor del mensaje tiende a ser persuadido por argumentos que se corresponden con su percepción del mundo. En ese orden de ideas, un abogado encontrará mayor persuasión en el mensaje argumentado con elementos jurídicos que aquel que está soportado con argumentos económicos o espirituales.

Finalmente, en lo que se refiere a la cantidad de argumentos presentados, no siempre más es mejor: el efecto persuasivo del número de argumentos en un mensaje depende de las condiciones del receptor.

Cuando el receptor tiene mayor nivel educativo o se presume con una alta capacidad de análisis es mejor utilizar pocos argumentos, pero muy bien desarrollados y con muchos datos específicos. En contraste, cuando el receptor tiene menor nivel de formación o se presume con menos competente para el análisis es preferible utilizar muchos argumentos sin detallar las especificidades técnicas o estadísticas de cada uno.

Los mensajes apoyados en emociones

Las emociones son reacciones psicológicas y fisiológicas que tienen las personas cuando perciben un estímulo sensorial externo. Un mensaje que intenta persuadir al receptor por sus emociones y no por sus razones, debe estar cargado de sentimientos. Imaginemos que nuestro candidato debe dirigirse a la audiencia para hablar del tema de la pobreza.

El mensaje del camino emocional empezaría con una narración muy detallada acerca de "un niño" que caminaba por la calle y fue visto mientras nuestro candidato visitaba un barrio con profundas dificultades económicas.

Nuestro candidato hace una pausa en su discurso... por momentos su voz se entrecorta, detalladamente va relatando las condiciones del niño y las asocia con el contenido de su mensaje:

"...Eran las 9 de la mañana y el niño deambulaba por las calles, sin aprender nada esa mañana. Es por eso que ampliaremos la cobertura en la escuela...", "...el niño, quien debía tener aproximadamente 10 años, lucía algo enfermo y mal nutrido... y esa es la razón por la cual mejoraremos el puesto de salud y el restaurante comunitario..." "...ese niño, que podría ser el hijo suyo o el mío, merece un mejor gobierno, un gobierno que se preocupe por..."

El mensaje persuasivo de la ruta emocional conmueve, alegra, aterra o enoja, y por ello convence. Las emociones a las que se puede acudir para construir un mensaje persuasivo son de distintos tipos; miedo, ira, alegría, tristeza, compasión, y entonces ¿cuál es la emoción más efectiva para que un mensaje sea más persuasivo?

Los mensajes emotivos que son utilizados con mayor frecuencia son los que se basan en la provocación de miedo en los receptores; tal es el caso de los cuentos infantiles que utilizan el miedo como mecanismo para desincentivar algunos comportamientos.

Recientemente, en algunas elecciones presidenciales de América, los partidos considerados de derecha han planteado que, si los electores votan por los candidatos de izquierda, su país se puede "convertir en otra Venezuela" haciendo referencia a la escasez de alimentos, combustibles e insumos y a las crisis humanitarias recientes derivadas de tal situación.

Una de las posiciones más admitida actualmente es que conforme aumenta la intensidad del miedo suscitado en el receptor, aumenta la eficacia del mensaje persuasivo.

Los mensajes que contienen argumentos y contraargumentos.

Los mensajes que entrega nuestro candidato deben estar cargados de aspectos positivos, ventajas y otros argumentos. Sin embargo, para cada argumento que presentemos habrá de existir un contrargumento.

Un mensaje contra argumentado, es aquel que además de presentar los aspectos positivos respecto de una idea particular, incluye también algunos de sus puntos negativos o débiles, pero con su respectiva justificación.

El poder que tiene un mensaje contra-argumentado depende de la sintonía que tenga el emisor con respecto a los intereses del receptor. Es decir, que los contra argumentos que el emisor piensa que son de interés para el receptor efectivamente lo sean.

Una forma de ilustrar lo anterior sería: un empresario de bienes raíces tiene dificultades para vender casas en un sector de la ciudad. Las casas tienen un precio ligeramente superior a otras con similares características y el empresario cree que esta es la razón por la cual no se venden fácilmente. De tal forma que invierte en una campaña publicitaria en la cual se admite que el precio es mayor, pero se presentan contra-argumentos relacionados con el confort que justifican la diferencia.

La anterior campaña solo será efectiva si la preocupación del comprador es realmente el precio, pero si lo que en realidad disgusta al comprador es la seguridad del sector o su distancia con respecto al centro de la ciudad: todos los contra-argumentos expuestos frente al argumento del precio habrán creado más preguntas que respuestas.

Recomendación: Sea cual sea, el tipo de mensaje que usted escoja (racional o emocional) enmárquelo dentro de una historia. Para entregar su mensaje conviértase en un contador de historias, tenga siempre a mano una experiencia que le permita explicar una propuesta o una idea. Utilice un cuento que pueda ser referencia para hablar de temas sociales o económicos. Aprenda a contar su propia historia; quien es, que hay de su vida, como ha llegado al lugar en el que se encuentra y porque quiere ser elegido.

3   ¿Quién lo escucha?

El proceso social de la comunicación requiere la intervención de, al menos, dos participantes; un emisor y un receptor. De acuerdo con los teóricos de la comunicación se requieren ocho "momentos" para que el proceso comunicativo se dé, sin importar si el emisor y el receptor usan la oralidad, la escritura, los símbolos o cualquier otro medio para transmitir el mensaje.

Los tres primeros momentos corresponden al emisor, quien, con una intencionalidad, como ya hemos visto hasta esta parte del capítulo, inicia el proceso comunicativo mediante la construcción de un mensaje y su envío al receptor a través de un medio definido (elección, codificación y envío).

Los restantes cinco "momentos" de la comunicación corresponden al agente social de nuestro interés, el receptor, en quien recae la recepción, decodificación, aceptación, uso y retroalimentación del mensaje.

El receptor realiza un proceso contrario al del emisor, ya que interpreta los signos, analiza los significados del mensaje y construye nuevos significados de acuerdo a su contexto, sus experiencias, intereses y las expectativas que le sirven para apropiar la información recibida.

De lo anterior surge una pregunta importante para la comunicación persuasiva: ¿El mismo mensaje de un emisor es interpretado igual por varios receptores O La posibilidad de ser persuadido por un mensaje es la misma para todos los receptores? En ambos casos la respuesta es: No.

Características del receptor.

Cada receptor posee unas características personales y sociales que determinan su actitud cuando recibe, decodifica, acepta, usa y retroalimenta el mensaje.

Algunas de estas características tienen que ver con la edad, el nivel de escolaridad, el rol social, el tiempo y el lugar en el que se transmite y recibe el mensaje, entre otros elementos que son fundamentales para la comunicación persuasiva.

Las investigaciones sobre inteligencia y persuasión indican que cuando la persona se considera más inteligente disminuyen las posibilidades de ser persuadido. Evidentemente, las personas más inteligentes reciben y comprenden mejor los mensajes, pero pueden, debido a ello, resistirse en mayor medida a ser persuadidos. Podría interpretarse como; "Siendo más inteligente que la fuente, su mensaje no debe cambiar mi opinión o comportamiento".

En tal sentido, la autoimagen y la autoestima juegan un rol fundamental en la efectividad de los mensajes persuasivos. Por ejemplo, las personas con baja autoestima tienen menos confianza en sí mismos y en sus capacidades, con ello dependen más de la opinión colectiva y son más proclives a la aceptación de mensajes persuasivos.

No obstante, también existen elementos del entorno que son determinantes en la actitud del receptor. De hecho, tales elementos impactan la opinión del receptor hasta el punto de convencerlo para que acepte realidades poco probables y que en condiciones contextuales diferentes no aceptaría.

Un ejemplo de lo anterior, es el concepto de la psicología social denominado Principio de Conformidad, según el cual un integrante, o varios, de un grupo social cambian sus opiniones, actitudes y comportamientos para acoplarse a las opiniones, actitudes o comportamientos del grupo.

El principio de conformidad

Imagine que ingresa a una sala de juntas, en ella se encuentra una mesa larga y 13 personas ubicadas en sus respectivas sillas (alrededor de la mesa), existe un espacio y una silla para que usted la ocupe y se incorpore como el integrante número 14 de la mesa. Imagine que hay un orientador de la reunión (que se ubica de pie en la cabecera de la mesa), y que él exhibe la tarjeta que verá a continuación.

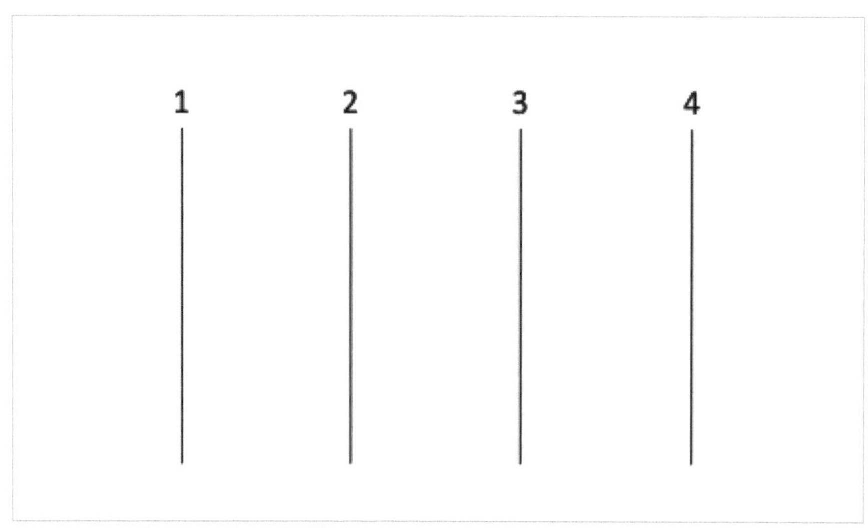

Ilustración 10. Tarjeta ejemplo-principio conformidad

Posteriormente, pregunta a los asistentes; ¿cuál es la línea más larga de las cuatro que aparecen en la tarjeta? Acto seguido, 13 de los asistentes (sin incluirlo), responden uno a uno que la línea más larga es la número 3.

Ahora le corresponde a usted ¿Cuál cree que sería la respuesta? Probablemente, aún en contra de su propia racionalidad, usted responda que la línea más larga es la número 3. Posiblemente, crea que el grupo está en lo cierto y usted se equivoca y, muy seguramente, terminará cediendo a la opinión de la mayoría.

El pionero en el tema del principio de conformidad es el psicólogo social Solomon Asch, quien experimentó con un grupo compuesto por varios colaboradores, aliados y conocedores de la investigación que fingen su participación desprevenida y un sujeto experimental. (Puede ser visto en YouTube como "The Asch Experiment").

El experimento consistió en presentar una hoja impresa con tres barras horizontales de diferentes tamaños, posteriormente, cada participante mencionaba en voz alta cuál de ellas era más alta.

En las primeras rondas, todos los participantes respondieron de manera acertada. No obstante, a medida que avanzaba el experimento los aliados empezaron a responder sin acierto; indicando una barra que evidentemente no era la más alta.

El sujeto experimental notaba la extraña situación e iniciaba respondiendo de manera acertada - y contraria al grupo- sin embargo, a medida que la mayoría insistía en las respuestas incorrectas, el individuo terminaba seleccionando respuestas iguales a la de los demás. Incluso posteriormente, algunos participantes manifestaron estar convencidos de estaban seleccionando la respuesta correcta.

En otros términos, en ocasiones el principio de conformidad se impone sobre la necesidad de un juicio objetivo. Asimismo, Solomon Asch realizó experimentos con algunas modificaciones que buscaban conocer los "límites" o "niveles" de esta conformidad social.

Una de las modificaciones fue introducir otro individuo que conociera el experimento y que diera las respuestas correctas, aunque los demás no lo hubieran hecho. En este caso, Asch pudo observar que, cuando el sujeto experimental no era el único que tenía una respuesta diferente a los demás, se resistía más a la opinión del grupo y por tanto sus niveles de conformidad disminuían notoriamente. Como si la presencia de otro individuo y la conformación de un nuevo grupo, aunque fuera minoritario, otorgaran validez a la opinión.

No obstante, cuando el individuo aliado se retira, el sujeto experimental vuelve a ceder a la presión del grupo y el principio de conformidad se aplica sin distorsión. En otras palabras, cuando el individuo no tiene una fuente de validación de su criterio, toma la opinión mayoritaria como guía.

Así las cosas, podemos explicar la conformidad como una relación entre un individuo y un grupo que actúa como centro de poder, determinando cuál es la información correcta en situaciones confusas y cuáles son los patrones de comportamiento requeridos para mantener una relación positiva y de bajo riesgo con el colectivo.

En procesos electorales, podemos acudir al principio de conformidad en diferentes momentos y circunstancias de la campaña, por lo tanto, será importante contar con un grupo discreto y leal de colaboradores que participen en diferentes niveles y roles de la campaña.

Habrá ocasiones cuando una o varias personas tienen dudas para tomar una decisión que beneficie a nuestra campaña, en tales casos será importante que incluyamos a la persona indecisa en un grupo que esté a favor de la decisión y permitir que el principio de conformidad actúe en nuestro favor.

Otra forma en la que conseguimos entender y aplicar el Principio de Conformidad es a través de la Espiral del Silencio, concepto creado por Elisabeth Noelle-Neumann que se refiere a la tendencia que muestran las personas a no exponer públicamente sus opiniones cuando estas no son mayoritarias. La espiral del silencio se manifiesta por la expresión repetida de una opinión mayoritaria hasta que se logra el silencio de las opiniones minoritarias.

El Sesgo Endogrupal

Primero es importante aclarar que el endogrupo, es el grupo al que consideramos pertenecer y el exogrupo son los individuos que no pertenecen a nuestro grupo. Un ejemplo de endogrupo serían los seguidores de un equipo de fútbol, para quienes el exogrupo serían los seguidores de los equipos restantes. Otros ejemplos podrían ser un culto religioso o un partido político.

En cualquier caso, el sesgo de endogrupo se trata de la tendencia a favorecer o valorar de manera más positiva los comportamientos, actitudes o preferencias de los miembros de la categoría social o el grupo al que pertenecemos, en comparación con los que suman a categorías o grupos diferentes.

Lo anterior, debido a que la imagen que tenemos sobre nosotros mismos se construye a través de la comparación de afinidades y diferencias con otros que se nos asemejan y por consiguiente muchos elementos que definen nuestra identidad están vinculados con la pertenencia a distintos grupos y/o categorías sociales.

En términos electorales, ello implica que los integrantes de nuestro partido o equipo de trabajo serán más fácilmente persuadidos para que rechacen los mensajes y propuestas de las campañas competidoras, defendiendo las de nuestro candidato. Esto último puede tener efectos en actitudes y comportamientos violentos dependiendo de las condiciones políticas y socioeconómicas del territorio en el que se lleva a cabo la elección si no se gestiona con la prudencia requerida.

4   ¿Cómo se difunde?

Seleccione el nicho poblacional de su interés y habrá seleccionado su canal. No todas las personas consumen los mismos medios de comunicación para los mismos propósitos y, en consecuencia, no todos los canales son buenos para todos los mensajes y todos los públicos.

Lo anterior es muy importante, puesto que podríamos estar enviando un mensaje persuasivo a un público determinado por un canal equivocado. Sería como tener la mira puesta en el blanco, tener una buena bala, pero disparar con una ballesta. Probablemente el resultado no sea el esperado.

Aunque el consumo de medios por parte de las personas varía mucho de un lugar a otro en función de sus capacidades y oportunidades académicas, económicas y tecnológicas (también influyen aspectos como la topografía del territorio que habita, las tradiciones y las costumbres).

A continuación, presentaremos una tabla que se ha elaborado con información basada en los estudios de las Asociaciones para la Investigación de Medios de Comunicación (Por ejemplo A.C.I.M. en Colombia y A.I.C.M. en España) y que puede servir como ejemplo orientador para la selección de los medios apropiados para cada tipo de mensaje y público objetivo, según la etapa de vida en que se encuentre.

Tabla 9 Consumo de medios de comunicación por grupo etario.

Medio de Comunicación		Grupo edad predominante como consumidor
Televisión		Todas las edades, se divide por franjas horarias.
Radio		45 años y más.
Prensa		45 años y más.
Internet		14-35 años
Redes Sociales	Facebook	25-45 años
	LinkedIn	35 -65 años
	Whatsapp	14-45 años

	Youtube	14-45 años
	Instagram	20-45 años
	Twitter	24-55 años
	Tik-Tok	16-24 años

Debido a la optimización de consumo energético en el cerebro, las personas tendemos a ser rutinarias. Es mejor para nuestro cerebro que todos los días hagamos las mismas cosas y tengamos las mismas opiniones, lo contrario generaría procesos analíticos que demandan tiempo y energía. En ese orden de ideas, somos rutinarios y selectivos en la información que buscamos, "analizamos" y aceptamos. Tenemos la tendencia a consumir información que concuerde con nuestras creencias y evitamos exponernos a aquella que las contradiga. Las personas generalmente utilizamos los mismos medios para consumir la misma información.

Pensemos en un ciudadano hombre mayor de 50 años que acostumbra escuchar la radio para informarse de asuntos políticos o económicos, seguramente este ciudadano tiene acceso a otros medios como la televisión, la prensa o internet, pero también es probable que evidencie una rutina para escuchar la radio y ella incluya unos programas y periodistas que son aceptados por nuestro ciudadano y, por tal, cuando encuentre información de interés en otros medios tratará de confrontarla o compararla con la información que le provee el medio radial.

Los algoritmos que se utilizan para la programación y el funcionamiento de las redes sociales se basan en este principio; con la información personal que aportamos en la creación del usuario y algunas cuantas búsquedas y consumos de información, el programa nos perfila y a partir de ese perfil, permanentemente, nos exhiben contenidos y mensajes que refuerzan nuestras creencias y opiniones.

No obstante, el receptor del mensaje también tiene la posibilidad de inducir distorsiones al mismo mediante una adaptación ideológica que hará que se parezca o se diferencie de sus creencias y opiniones.

Sucede cuando un gobierno propone un nuevo tributo, sus partidarios buscan a los medios y los analistas afines ideológicamente para escuchar sus análisis y consolidar opiniones. En contraste, los detractores del gobierno consumen los medios y analistas en oposición al mismo para afianzar posturas opuestas.

Recomendación: *Como se ha mencionado previamente, es importante segmentar el nicho para determinar el medio comunicacional, sin embargo, tenga en cuenta que la radio y la prensa son los medios argumentales por excelencia puesto que en ambos casos la penetración y el tiempo de consumo es mayor.*

Las Redes Sociales

Según el *Digital Report 2021*, de la agencia creativa *We Are Social*, cada 15 segundos se registra un nuevo usuario en alguna red social. Así las cosas, en la actualidad al menos la mitad de los habitantes del planeta son usuarios de alguna Red. En los países de occidente las redes sociales más populares son Facebook y WhatsApp con un 97 % y 95 % del total de usuarios respectivamente y, en consecuencia, las de mayor potencial para generar percepción social. Les siguen Instagram, YouTube, Twitter, Telegram, LinkedIn y recientemente entre los usuarios más jóvenes, la gigante asiática TikTok.

Las anteriores son algunas, las más populares, de las redes sociales existentes y que, al igual que los medios tradicionales, cada una tiene su nicho poblacional. No obstante, sea cual sea la red social o la plataforma tecnológica que escoja, lo más recomendable para difundir sus contenidos es utilizar formatos multimediales que le permitan al usuario interactuar con el mensaje y a la campaña hacer retroalimentación del proceso. Utilice videos profesionales, pizarras animadas, infografías, *stopmotions* y videos *selfies* que parecen elaborados casualmente y sin planificación.

Un elemento muy importante a considerar en la utilización de redes sociales, es el seguimiento de las métricas que pueden aportar las plataformas y que son de dos tipos; gratuitas y de pago.

Las métricas gratuitas son las que conocen y motivan a la mayoría de los usuarios para publicar sus contenidos y se denominan *Me Gusta* o su versión en inglés los *"likes"*. El número de *Me Gusta* que se obtienen con una publicación pueden ser un indicador de la aceptación del mensaje. Es importante para el equipo de campaña analizar con sensatez estás métricas para identificar cuales usuarios que dan *Me Gusta* están comprometidos con la campaña (seguidores fidelizados) y cuales son ajenos a ella (nuevos seguidores).

Otra de las métricas gratuitas, pero muy importante en la medición del impacto en redes sociales, es la replicación de contenidos publicados por la campaña. Según la red social puede conocerse como; Compartir, *Retwitear*, hacer *Regram*, seguir el hilo o cualquier otra acción que consista en copiar el contenido del mensaje de la campaña y publicarlo en el perfil propio. El número de veces que el mensaje ha sido compartido podrá indicar, no solo la aceptación del mensaje, sino su identificación con el mismo.

Por otro lado, si nuestro candidato desea avanzar en el uso de las redes podrá constituirse en un perfil comercial, lo cual le permite pagar por la difusión se sus contenidos eligiendo, detalladamente, las características del público receptor (edad, género, ubicación, preferencias). Adicional a lo anterior, el perfil comercial de las redes sociales le facilita el análisis de otro tipo de métricas tales como: el alcance de la publicación o cuantos usuarios la vieron, la impresión de la publicación o cuantos usuarios la vieron repetidas veces, el número de interacciones y las relaciones porcentuales entre estas métricas y las del tipo gratuito.

En cuanto a la medición del impacto en redes sociales, se debe señalar que Twitter es la plataforma más apropiada para obtener retroalimentación argumental de las propuestas. Sus limitaciones en el número de caracteres, obliga a la concreción y precisión en los mensajes, ideas y argumentos haciéndola muy efectiva para la interacción política.

Los contenidos, más que las métricas, son lo importante en Twitter. Utilícelo también para conocer a los adversarios, sepa cuáles de sus ideas y comentarios han sido desaprobados o fuertemente criticados y aprovéchelo en diferentes escenarios presenciales y virtuales. En tal sentido, revise muy bien sus publicaciones previas a la campaña, fotografías con personas que no convienen, mensajes impopulares, comentarios inapropiados, ideas contrarias y en fin… todo aquello que pueda ser usado en nuestra contra.

En algunas plataformas se pueden realizar encuestas. Twitter, Facebook, Instagram y LinkedIn permiten publicar una pregunta para que los usuarios elijan una entre diferentes opciones de respuesta, después de un tiempo determinado la aplicación cierra la encuesta y nos entrega los números absolutos y los porcentajes. Aproveche estas herramientas para foguear las propuestas antes de hacerlas masivas.

En cuanto a la interacción sin medición, es fundamental la utilización de plataformas de mensajería masiva como WhatsApp y Telegram y su incorporación a la estrategia de comunicación. Así las cosas, nuestro candidato debe pertenecer e interactuar con grupos de mensajería previamente constituidos de alcance masivo como el grupo de los transportadores de la ciudad, la red de seguridad cívica, el grupo de animalistas, los grupos de las barras de futbol, los grupos de periodistas, entre otros. Nuestro candidato también debe crear sus propios grupos, por ejemplo, el grupo de comunicaciones, el de presupuesto, el grupo del equipo total de campaña, el grupo de los amigos del candidato, el grupo de financiadores e interesados y otros.

El objetivo de pertenecer y crear estos grupos en las plataformas de mensajería instantánea es generar publicidad gratuita a través de contenidos que se hacen virales, para ello es necesario designar un responsable específico (*Content Manager*) que pueda producir contenido innovador, puesto que hacemos viral aquello que encontramos divertido o emocionante y, además, teniendo en cuenta que las respuestas e interacciones en estos grupos pueden ser inmediatas o mediatas, pero jamás tardías.

A manera de conclusión, las redes sociales son necesarias, pero no suficientes para ganar una campaña electoral, deben combinarse con los medios tradicionales y en el análisis de sus métricas debe revisarse permanentemente la posibilidad de que estén siendo afectadas por una estrategia adversaria o interpretadas con un sesgo de percepción. Por último, el triunfo electoral requiere sincronía.

Se necesita sincronía

Esto es, que las actividades se realicen en el momento que se deben realizar para que los resultados se obtengan cuando se deban obtener. Si buscamos la definición de sincronía, encontraremos algo así como: la coincidencia en el tiempo de múltiples hechos o circunstancias, particularmente cuando el comportamiento de uno es acorde al otro.

Cuando un ciclista profesional desea ser campeón en el Tour de Francia (que generalmente se disputa cada año en julio) inicia su proceso de preparación en el mes de enero. Él sabe, o cree saber, que con entrenamiento permanente su rendimiento se incrementa hasta llegar al máximo de su potencial, allí permanece un tiempo y después decrece hasta llegar a su mínimo e iniciar un nuevo ciclo (y con él, otra temporada deportiva).

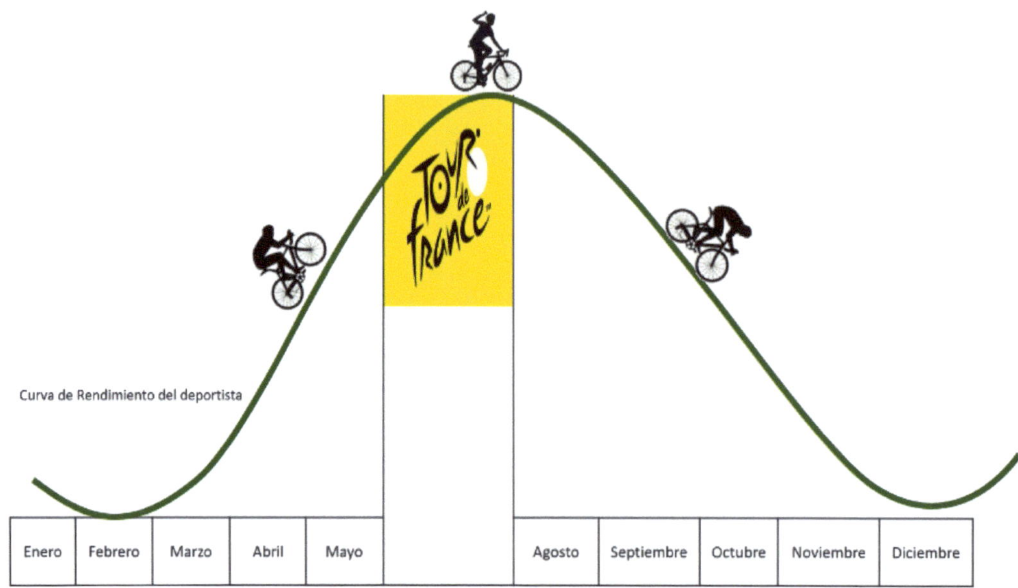

Ilustración 11 Rendimiento del ciclista sincronizado para ganar el tour de Francia.

El ciclista tratará de sincronizar su curva de rendimiento con la fecha de la carrera; iniciará su preparación en una semana específica a partir del cual aumentará las duraciones y cargas de trabajo buscando su forma física óptima en el momento justo.

La línea que describe el rendimiento del ciclista en la gráfica anterior se conoce como una Campana de Gauss y representa estadísticamente la distribución de una variable. El comportamiento de muchos fenómenos sociales y naturales se puede representar mediante la misma curva, y las campañas electorales son una de ellas.

Para nuestro candidato, que desea ganar las elecciones en octubre, debemos planificar una campaña que le permita crecer permanentemente en favorabilidad, imagen positiva, recursos aportados y otros aspectos necesarios para que la intención de voto vaya creciendo de forma paulatina hasta que alcance su punto más alto en la semana de las elecciones. No sirve una semana antes, tampoco sirve una semana después. Para lograr sincronía entre la mayor intención de voto por nuestro candidato y la semana de las elecciones, será importante tener en cuenta al menos las siguientes cuestiones:

- No se debe esperar mucho para presentar la candidatura, tampoco se debe hacer de manera apresurada.

- Deberían existir recursos financieros desde el primer día de la campaña, aunque no estén disponibles en su totalidad.

- La estimación del presupuesto, el gasto y la financiación proyectada tratará de imitar una Campana de Gauss.

- La distribución de material publicitario, la pauta y la presencia en medios debería ser permanente y creciente tratando de imitar la Campana de Gauss.

Referentes

Napolitan Joseph. (1986) 100 Cosas que he Aprendido en 30 Años como Asesor de Campañas Electorales. Ponencia presentada en la Conferencia anual de la Asociación Internacional de Asesores Políticos.

Criado, Henar (2003). "Elección Racional y Comportamiento Electoral: Más allá de la paradoja del voto".

Organización Demócrata Cristiana de América (2006). Manual de campaña electoral: marketing y comunicación política. - 1a ed. - Buenos Aires. Konrad Adenauer Stiftung.

Álvarez, Jorge. (2006). «El señor Presidente y yo» una explicación psicológica sobre las preferencias electorales. Liberabit: Revista de Psicología. 12. 49 - 54.

Eagleman, D. (2015). The brain: the story of you. First American edition. New York: Pantheon Books.

Myers, D.G. and Twenge, J.M. (2016) Social Psychology. 12th Edition, McGraw-Hill, New York.

Project Management Institute. (2017) A Guide to the Project Management Body of Knowledge (PMBOK Guide). 6th ed., Project Management Institute.

Depósito Legal en Colombia No. 2022-39

wmarulandah@gmail.com

Aviso legal o reserva de derechos